U0657206

生命是一次心的远行

心·行

马超 ◆ 著

时代出版传媒股份有限公司
北京时代华文书局有限公司

图书在版编目(CIP)数据

心·行 / 马超著. -- 北京 : 北京时代华文书局, 2014.2
ISBN 978-7-80769-418-2

Ⅰ.①心… Ⅱ.①马… Ⅲ.①佛教－人生哲学－通俗读物 Ⅳ.①B948-49

中国版本图书馆CIP数据核字(2014)第031006号

心·行

马超/著

出 版 人	田海明　周殿富

责任编辑　王　水　执行编辑　尚　蕾　策划　石胜利
营销推广　杨　霄

出　　　版	时代出版传媒股份有限公司　http://www.press-mart.com
	北 京 时 代 华 文 书 局　http://www.bjsdsj.com.cn
	北京市东城区安定门外大街136号皇城国际大厦A座8楼　邮编：100011

发　　　行	北京时代华文书局图书发行部　(010) 64267120 64267397
印　　　制	北京京都六环印刷厂　(010) 89592120

规　　　格	700mm×1000mm　1/16
印　　　张	15
字　　　数	162千字
版　　　次	2014年5月第1版　2014年5月第1次印刷
书　　　号	ISBN 978-7-80769-418-2
定　　　价	29.80元

心 随 身 行

不知道从什么时候开始，"修行"二字频频出现在我们的口头上、微博上，一时之间，大家都在谈论着"修行"——旅行是修行、学习是修行、工作是修行，什么都是修行。

没错，这些都是修行，人生更是一场修行。可是，在修行的路途中，我们应该本着怎样的心去"行"，这个问题却很少出现在你我的关注之中。或者说，所谓"修行"本就是跟风。很多时候我们误把修行当做了什么神仙方术，以为自己买回几本什么高人写的心灵修习术就可以让自己超凡入圣、脱胎换骨，更有人把修行视为独自一人跑到什么深山老林里坐上个把月，然后出来逢人就说："我在某某山打坐了若许年，如今已经修行得看破了世间一切……"

修行没那么神秘，是真修行又何必逃匿去深山老林呢？

修行若不放在尘世中修，那还能修出个什么结果？修行倒也不用枯坐多少年，真正的修行贵在不刻意、不刻板，自自然然、平平常常地断去烦恼根源。

所以啊，日常生活里的很多事情就是修行了。比如前面说的旅行，在旅行的路上暂时放下自己的固执和倔强，放下自己的小情绪，放下自己对他人、对这个世界的成见。也许你会说"这个太难了，我做不到"，但是，如果我们脚下延伸的路是通向一座寺院的，你还会这么没信心地否定自己吗？

如果说旅行就是修行，那么没有什么地方比寺院更适合做一次"清心之旅"了。当然，寺院是一个很严肃很神圣的地方，我们来到寺院里也不能抱着"游玩"的心态。可是，你有没有想过，如果我们来到寺院，只是为了让自己的心更安静些、更清凉些，而不是为了跪在佛菩萨的面前求东求西，这将是多么轻松而酣畅的一次心旅啊。

以前，我们来到寺院，总是因为心中有什么挂念，比如为了工作、为了爱情、为了生活，带着香火和供品，还有一颗貌似虔诚的心，一步接一步，从山门走进寺院，来到大雄宝殿，盘算着

应该用怎样一颗虔诚的心，许下如何难以实现的愿。这似乎是在考验佛菩萨的耐心是否够深沉、神通是否够广大。

来的时候，心事满怀，去的时候，心事更多。从都市奔到寺院，本来是要让自己的心轻松下来，结果反而让自己活得更累了。如若我们只把去一趟寺院看做是对心灵的洗涤，当自己的双脚轻松缓慢却又是无比坚定地走在通往人间净土的大道上时，我们什么都不去想，什么劳什子的升官发财，还有万事如意——如果人生真的能万事如意，那该多么乏味无聊啊。我们来到寺院，就好比是去拜会久别重逢的老友，去看望对自己有恩的师长，或者放空自己的欲念，清清净净地走一遭，权当是找回那个真正快乐的自己！

是啊，修行本来就无需那么沉重，好多人认为"修行"与"遭罪"就应该是一对孪生兄弟，好比去寺院里就应该是有所祈求才对。其实修行可以很轻松，很有趣，去寺院也不一定是摆上供品、燃上佛香，然后就为了验证一下"有求必应"那句话发生在自己身上的概率有多高。

心随身行，当身体劳累的时候，至少也要让心灵是轻松自由的。我们陷在尘世的网中，可能为了生计做着自己不喜欢的事情。但只要我们的心灵能够自由，无所拘束，那么这一生便也值得了。

怎么？你不知道如何让心灵自由起来吗？走吧，随着我去寺院里走上一遭。

目　录

【第一章】
旅行是心灵的成长

如果我说，旅行也是心灵的成长，拜佛也是一种修行，你会信吗？

如果我说，从踏进山门的那一刻，就开始了我们心灵成长的旅程，你又会作何感想呢？

从走进山门的一刹那，分明就觉得自己已经与身后的过往隔了一段距离，很远很远，恍若前世。过往的辛劳、疲惫，心上的杂陈，无数的烦恼，都应该与自己毫无瓜葛了。

进山门，生出一颗皈依的心，带着对佛菩萨的敬畏，开始我们的清心之旅吧。

清净身心的阶梯

进三门，三解脱

在走过许多座寺院之后才知道，早在佛陀时代便已经有了佛寺建筑。但毕竟那是两千五百多年前的事情了，那时候的佛寺建筑是什么样子，恐怕我们只能在流传下来的史料中找到蓝本和依据了。

根据《大般涅槃经》等经典的记载，最早的佛寺建筑应是古印度拘萨罗国首都舍卫城的"祇园精舍"。据说，佛陀住世时期的舍卫城，有位富可敌国的大善长者名叫须达多。因慈悲缘故，他经常布施财物给孤独贫苦之人，帮他们离苦得乐，因此大家也尊称他为"给孤独长者"。这位给孤独长者闻听佛陀在邻国王舍城为人们讲说佛法，并使很多人获得智慧，就专程赶往王舍城，皈依在佛陀座下，成了一名虔诚的居士。

给孤独长者心想：佛陀的言教是如此的充满智慧，破除人们心灵的迷障，帮人们找到生命的意义，这样的教法也应该让舍卫城的百姓们听到。大家都获得心灵的解脱，开悟得智慧，这多好呢！于是他就恳求佛陀前往舍卫城说法度众，佛陀随喜他的良善愿望，便十分高兴地答允下来。

给孤独长者在回到舍卫城之后就想为佛陀寻找一处可以安居、

讲法的园林。他走遍了舍卫城，只有国王波斯匿的儿子——祇陀太子的园林最为合适，不仅景色优美，而且清爽宜人。这个好玩乐的太子却不愿意出售自己心爱的园林，于是就戏言道："若长者能以黄金布满园中空地，厚约五寸许，我就答应出售这座园林。"

没想到，给孤独长者果然依照太子所言，用厚约五寸的黄金铺满了园中空地，祇陀太子也无法再为难给孤独长者，便做个顺水人情，说这园子是给孤独长者买下，献给佛陀的，可这园中的树木却是他布施给佛陀的。

精舍建好之后，给孤独长者请佛陀为此处提名，佛陀欣然名为"祇树给孤独园"，后人则简称为"祇园"，这便是最初的佛寺建筑。

说完祇园精舍，就不得不说说古印度时期另一种类型的佛寺建筑——支提，它出现在佛陀涅槃之后，最初是依山开凿的半圆形石窟，也有人认为支提这种建筑形式是围绕葬有佛陀灵骨的"窣堵波"而修造成的僧房。

中国的佛寺建筑起始于东汉。大家所熟知的洛阳白马寺，便被普遍认为是开创汉地本土佛寺建设的先例。此后，随着佛教的发展，佛寺建筑的定制逐渐形成。一般来说，寺院为避开市井尘俗，多建造在山林之间，所以，就要设置山门，而"山门"便也成了对寺院的称呼。

山门本是位于寺院正面的楼门。来到寺院，你会留意到，山门多设有三个门洞。一位友人曾经戏言，说这三个门洞一定有着深刻的象征意义。其实这话说得没错，佛寺建筑自其产生之时起，其布局就体现了十分丰富的佛教教义理念。可见，寺院中的布局结构、造像艺术等不仅起着宗教性功能，也分明传递着人生由迷误到解脱的一个过程。

拜佛是一场人生的修行，那么这修行便是从进入山门开始的。且先不说寺院里大大小小的佛教造像有何玄机，单是这山门，便已然将佛教旨趣摆在你面前。

山门，三个门洞便成为了我们洞悉佛学哲理的开端，而我们的心灵旅程也从这儿开始。

这三座门即是佛家三解脱门的象征，即空门、无相门、无作门。

佛教以观察世间诸法的空性作为其入道法门，难怪友人称其为"空的哲学与智慧"，不过佛家之"空"，倒不是否定物质存在性，而是认为一切事物均是从内因外缘、种种条件而发生、存在、发展，任何一个条件发生变化，则事物也会随之变化，乃至消失。从这个角度来说，这就是无常，而这种变动不居，即是"空"。因为它没有固定不变的自性，亦没有恒常存在的、独立的"自我"，无我、无常，事事如此，万物莫不是这样。

《大智度论》中写道，要进入涅槃城可以从三个门进入，这便是空门、无相门、无作门。而把空门放在第一位，也分明是在告诉我们，要踏进佛法的门，先学会"空"，了悟"空"。

空，放空杂念、排空执著，这是人生的一层意义；空，也可以是认识到万法皆空，缘起性空，挣开世俗尘缘的枷锁，这更是人生的另一重境界。

若是能够静下心来想想，人这一生，可不就是个空。且不说万般荣华带不去，且不说高官厚禄带不去，就是自己奋斗一生、拼搏始终，一旦业缘果报到来，舍不下的也要舍得。看到这里，

也许有人又会端着腔调说佛教是如何如何的消极，如何如何的避世，大家都在追求正能量，怎么能容许这样的消极思想"侵蚀"了自己呢。

且先别怒，大家倒不妨仔细想想，我们平常总说自己活得累，焉知不是因为自己素日太过操心的缘故？为了面子而终日劳碌，为了追求名利而日日盘算，蝇头小利能成为压垮心灵的重负，而各种贪婪妄想又岂知不是伤神累心的负能量呢？

佛家说空，但是肯定自心的能量。俗人说追求、理想，只怕一个不小心反倒把理想变成了妄想，又因妄想而做出种种让自己不安、使别人痛苦的事情来，这种结果真的是我们想要的吗？

何必自欺欺人，无需懊恼心烦，如果我们只是把目光、把心放在当下，放在做每一件事的过程中，而不是固执地一定要追求个合乎自己心意的结果，那么，这一生过得岂不是快意潇洒而自在？

佛家说顿悟入空门，而世人需要的也许只是保持一颗无所得的心，或者说，一颗出离的心、皈依的心，在这凡尘琐事中保持空灵、宁静的心。

忽然想起以前听到的一个小故事：一粒种子落在地上，它仰望着身边的母亲——一棵参天大树，心中十分激动，因为它非常希望自己也能长得像母亲那样高大、挺拔，生出茂密、浓绿的叶子。树妈妈告诉小种子，要想以后生得高大挺拔，就要先让自己消失，消失在泥土中，之后才是生根、发芽，再慢慢地长成一棵树。

小种子听到"消失"二字便十分不安，它认为凭空将自己消失，这是多么可怕的事情啊。它决定让自己一半溶进泥土，另一半则暴露在空气中。很多天过去了，种子开始腐化，最终变成泥土，真正地消失了。

《心经》中有云："色不异空，空不异色，色即是空，空即是色，受想行识，亦复如是。"参天大树是一种物质存在（即"色"），这是我们能看得见、摸得到的，而小小树种要成为这种有形色的物体，就必须先将自己化作"空无"，即溶入到泥土之中。树木是这样，人生亦复如是！

我们不断地放下，不断地舍弃，同时也在不断地转化，不断地新生，不就是为了成全自己，实现一种更大的人生格局吗？难怪有人说，看破，放下，才是人生大格局。可真正愿意选择"消失"，让自己暂且空无的人，终究是少数的。这就不奇怪，为何世间聪明人很多，但有智慧的人很少；为何世上有追求的人很多，但真正能实现理想的人就很少了。

说完空门，我们继续说一下无相门。

《金刚经》中所说的"凡所有相，皆是虚妄"，《大宝积经》中所说之"一切诸法，本性皆空，一切诸法，自性无性。若空无性，彼则一相，所谓无相。以无相故，彼得清净。若空无性，彼即不可以相表示"，便是对无相门的最好注释。

既然世间一切诸法都是因缘所起，本性为空，那么自然没有固定不变的形相了。山川看似雄伟，但在百万年前，山川所在之处很可能就是一片汪洋；河海看似幽深，但在百万年后也许河海所在的地方会隆起高原或山峰。

自然界是这样，世间人情百态，更是如此！有人为了爱情纠葛而痛不欲生，有人因为屡受挫折而痛苦万分。如果把小小之我的这些感受放置在亿万斯年的时空之中，那这些真的算不上什么了。

而我们总是说自己如何痛苦，其实不过是因为执著在小我的那些情绪之中。因为固执于小我，我们不能忍受变化，特别是无法忍受事情由好向坏的变化，或者是爱情的破灭，或者是亲情的离散，或者是财富的消散，所有这些在常人看来都是一种痛苦。但是，人生中的种种定数，又岂能依靠小我的力量而做出改变呢？

"一切诸法，本性皆空，一切诸法，自性无性。若空无性，彼则一相，所谓无相"，无相便是看到眼前事物背后的变动性和无常性。了达无常的智慧，洞悉恒常中的无常，这道理虽然好懂，但做起来却颇有难度。可也正是因为有难度，才需要修行。

修行，修心，修剪掉偏执和贪念，让智慧和慈悲不断生长。无相的境界，便是如此得来。

无作门，即是说"无因缘之造作，心无造作之念"。

世间万物，无非因缘和合造作；心中万念，也是如此。由于内因外缘，我们得成人身，万事万物得以发生、发展，也正是这诸多的内因外缘，成为了障蔽我们自心光明的一道障碍，束缚着我们的心灵。

如果你知道，真正的解脱，不是远离尘嚣、脱离世事，而是在世事纷纭中依旧保持自心的清净、安宁，那便知道，没有造作的心灵是多么难能可贵的一件珍宝。

三门即是一门，因为从任何一个门中进入寺院，都可踏上解脱自我的心灵之旅。"入空无相无愿法门"，即是先要生起一颗皈依的心。

哼哈二将揭示了什么

进了山门，我们继续前行。我们边走边看，边看边说，在游览寺院的同时，一览佛教文化之源远流长，细说佛学思想之博大精深。

常见一些寺院把三座门盖成殿堂式结构，这便成了三门殿，也称山门殿，既然是寺院山门殿，那殿内自然供奉有金刚力士种种造型的塑像了。这些金刚力士或手持金刚杵，守护着佛法，或双目圆睁，看尽世间百态。看他们生得那样勇武高大，样貌或是愤怒、或是严厉，我想，他们一定也是舍弃了世间诸缘之后，才来到佛的面前。他们守护佛法，焉知不是守护着自己心底的信念？许多人看到怒目圆睁的金刚塑像就心生畏惧，而这金刚再威猛，心底也会有舍弃不下的事物吧？一想到这些，眼前这些凶神一般的雕像便多了些可爱的味道出来。

供奉在山门殿里的这两尊金刚力士像，不同于天王殿内的四大金刚。如果大家留意，那么必定会发现，这两尊赤裸上身、身材魁伟、手执利器、作忿怒相的金刚护法神与慈眉善目的佛菩萨有着多么鲜明的区别。

不过也好，正是有了如此勇武的猛士来护持佛法，佛陀也才能安心讲法，佛菩萨才可安心度化众生。以诸佛菩萨的神通愿力，根本不需要护法神的保护，佛门中的护法神，其主要职责便是护持正法，保护修行人和一切善心之人。《圆瑛法汇·金刚经讲义》中把金刚解释为，"以真金久炼而成刚，具有坚固、光明、锐利三义"。可见，金刚作为佛教护法力士便具有着坚强、威猛、摧毁一切魔障的作用，而他们手上的金刚杵在藏传佛教中又被赋予了斩断烦恼、降伏恶魔的作用。

有这样一则佛教故事，说是在很久以前，具体是什么年代，谁也说不清了。在某个王国里，该国的王后育有一千个儿子，这

山门殿里的哼哈二将，其造型完全是根据神魔小说《封神演义》刻画出来的。

11

些孩子后来开悟作佛。只有最小的那两个儿子青叶髻和楼至德迟迟没有开悟。大家都以为这两人慧根不够，其实他们是为了保护兄长能顺利成佛而甘愿做佛教护法神，因此人们往往把山门殿里的把门金刚视做勇于牺牲自我的典范。许是为了要吓退那些破坏佛法的妖魔鬼怪吧，原本相貌堂堂的两位王子竟化身为面目狰狞可怖的凶恶模样。如果你知道，山门殿的护法神有着一颗悲悯苍生的心，那么你也许会多出一些好感，而不是单纯的敬畏。

根据《大宝积经》中的记载，在过去世中，某位勇武的郡王有两个儿子，分别名叫法意和法念。一天，他们兄弟俩说起各自的志向。法念就说，希望自己能身成佛道，劝人向善，常转法轮。而法意则说希望在皈依佛门后时常亲近佛陀，作为一名金刚力士，闻听一切诸佛的秘密法要。后来，法意就成为五百名执金刚随从侍卫的首领，后世遂称之为"密迹金刚"。从这个故事里我们可知，最初的金刚力士只有一位，就是那个法意化成的密迹金刚。不过这孤零零的一尊金刚力士像，似乎不太符合中国本土的审美标准。再说，中华民族历来视双数为吉祥，在如此庄严清净的庙宇中，矗立一尊金刚力士像，想来想去也会觉得不能构成对称美，真是一大遗憾。

再后来，这一尊金刚力士像便一分为二，专门把守山门，左右各一，人称"哼哈二将"。当然，这守卫山门的哼哈二将不过是中国佛教在发展过程中的需要和附会。若是您之前没有留意过这两位金刚力士，想亲眼一睹他们的风采，那么北京戒台寺三门殿里的哼哈二将可是不容错过的。这二位金刚，体魄健壮、形态逼真，算得上是各种哼哈二将造型中的代表形象了。

在众多的金刚护法中，最为人们熟悉的除了山门殿里供奉的那两位，恐怕就是四大天王了。既然是四大天王，他们自然是位于天王殿，当然这是我们下一步的旅程，而我们的脚步刚刚才踏进山门殿，山门殿里的故事，还远没有说完。

不忘初心，方得始终

进山朝拜，在有些人看来是为培植福慧和功德，在有些人看来却是为着身心的洗涤，三步一叩首，当再起身时，便不再感觉人生中的障碍和烦恼有什么可怕的了；再来个三步一叩首，抬头时天地已然如新，也许身边万物还是如旧，可内心却是清明一片，喜悦充盈。

对于越来越多的都市人来说，如若能在朝拜寺庙的过程中放松身心、解脱疲累，那真是再好不过的事情了。可进山朝拜应该持有的初心是什么，却很少被人留意到。

记得《华严经》中有这么一句话："不忘初心，方得始终。"只有不忘记自己最初的愿想，才能忠于自己的梦想，做到有始有终。菩萨度化众生是这样，众生若想有所成就也须如此。虽然坚持，但并不执著，而是用一颗随缘的心去看待结果成败，如此便已很好。

可到底我们还只是为了自己特定的梦想而一味地在尘世中打转，终究不能免俗，我们无法在坚持梦想的同时又超越凡俗，我们也很难在梦想被现实冲击的时候还能不忘初心。梦想二字听来是何其崇高与伟大，但在现实面前，人身又是何其卑弱而渺小，击碎我们梦想的甚至不一定是外部的现实环境，而正是我们——我们既创造着梦想，为自己的人生树立了目标，然后又轻易或不得已地摧毁它。人生啊，原来就是在自己的一念一想间实现着永无止境的轮回。

进山朝拜，其实并非一定要求佛菩萨保佑自己天天好运，年年大吉，人的一生太过风平浪静也未必就是好事情。可是，有太多波折和苦难也不好，趋吉避祸是众生的天性，这也没什么不应该。可是，如果有些事情，有些麻烦，有些苦恼必须要经历，那我们也没必要刻意躲过。

毕竟，人们在面对未来时总有一种不确定感，这完全来自于自己内心深处对自我的不认同，不接纳。而这种不接纳，往往导致了一系列心理问题的出现。比如一个人好斗的性格，正是因为他对自己的轻视，别人的一句戏言，往往成了他情绪爆发的导火索。缺少慈悲，缺少对自我的认同，这是一种心病。可是，这种自我认同与"我执"完全是两回事。

当我们没有发现自己本性中的慈悲、智慧时，我们会认为自己事事都对，经常会把自己那些偏执的念头投射到外境，投射到他人身上。于是，只要外境不合自己的心意，或者他人的言语不合自己的想法，我们就会大发雷霆，将自己与他人整个地对立起来。

这种对抗不仅给他人带来无尽伤害，而且最终这种伤害会加诸我们自己身上。

这就是"我执"给我们的生活带来的恶性循环。进山朝拜，便是把"我执"从自己身上一点点地剥离、清除掉。虽然这个过程很难也很缓慢，可是，这毕竟是我们一生中必须要做的课程，这是人生的修行！

我们来到这个世界上，没有哪个人愿意让自己永远在恐惧、压抑、焦虑之中生活——恐怕这样的滋味连一分钟都不好承受。我们对真实的人生充满了渴望，但是，真实的人生是什么样子的，却极少有人能说个清楚。

生命的本质应该是众生成为一体，应该是自我的内心充满慈爱，应该是在无常变化之中保持自己内心的那份自由。自由地呼吸，自由地生活，当万事万物都不能成为我们心头的挂碍时，我们便是自己命运的主人。

我想，进山朝拜大抵就是一个将旧我、小我舍弃掉，迎来一个全新的、大我的过程，你可以把这叫做"脱胎换骨"，但这确确实实无关乎肉身，而干系到心灵——这是一种你所不能看见的力量，但它真的在影响着你的生命。

旅行即修行

我一向认为自己是个没有灵气的笨孩子，在童年时代的苍白记忆里，全是模糊不清的场景。其实就在昨天，自己还是浑浑噩噩地忙碌着，我们管这种忙碌叫做"生活"，似乎这就是人生的全部内容。匆匆几十年的全部内容就是忙一些自己都不知道是什么东西的事，说着一些没有意义的话。这样的生活，真的，不要也罢。可是，哪种生活才算得上有意义呢？每个人自然有各自的看法，而对于一个修行者来说，他们所认为的"有意义的生活"却要获得心灵的觉悟，实现人生的自由与解脱。

也许你会好奇：为何有人会选择修行？其实不是有人刻意地去选择，而是修行无处不在，无所不包。有许多修行者都有着不同于其他人的生活经历，但他们踏上修行之路，清心之旅，大抵都是不希望自己就这么浑浑噩噩地度过一生。生活里可以来一把"难得糊涂"，可在心灵上却一定要智慧、警醒。

当我们感觉到外部生活一直处于混乱状态的时候，我们往往选择的是逃避，逃避责任，逃避痛苦。我们固执地以为只有逃避，才能不造成更大的恐惧，而结果却是让自己陷入了更痛苦、更烦恼的境地之中。

　　佛陀告诉过我们，内心世界如何，总是会呈现在外部世界之中的。外部世界便是我们内心状态的投影。于是，这就不难解释为何有些人能在生活中过得平和而安稳，即便他们经历的挫折与伤痛要多过常人，他们依然能随时随地保持自己心灵上的任运自由。似乎命运拘不住他们，世间万物也不会对他们造成什么影响。即便遇到挫折和逆境，他们也能从容对待。你会说："这种人真厉害！"可这些全都是修行的结果。修行，不是挂在嘴边上的两个符号，也不是要你天天吃素或者成天念佛。修行既不是要我们离群索居，彻底断除尘世的生活，更不是要我们不工作、不生活，专门找个地方打坐。真正的修行，就在我们的生活之中。

　　在很多时候，我们总是诉说身体上的痛苦，却忽略了心灵上的渴求。而形体上的疲累与束缚无法摆脱，实在是因为自己心灵上的束缚冲不破。冲不破的原因有很多，过分执著便是其中最大的原因。

　　进山之前，先要修心，进山之后，你会觉得一呼一吸都是在修心，一步一行都是要重新找回自己那颗纯净的心灵，不仅要找回，而且还要守护好它。当然，当我们离开寺院清净地，回归到滚滚尘世之中，难免地又会被俗世烦恼所困扰。可是对于有定力和智慧的人来说，他们必定不会让自己那颗日渐清明的心再与尘世混在一起。这倒不是说修行者就一定要逃离尘世才能得到开悟。在尘世中修行，能坦然自若地面对痛苦纠缠，这才是真正的定力，也是真正的修行！

栖霞寺：气势强劲的金刚力士像

栖霞寺位于南京市东北方，在没有来到这里之前，就已经有很多朋友极力推荐，让我看看寺内的金刚力士塑像。当时乍一听还觉得很奇怪：大家来到寺院不都是为了到大雄宝殿拜佛祖、拜观音吗？为何大家却说栖霞寺的金刚力士尤为值得一看呢？

还好啊，听了朋友的话，不然就真的要后悔了。这八尊金刚力士造像就在舍利塔内，造像整体上十分强调力度与气势的刻画。

持剑天王位于南门东侧，戴盔披甲，胸前还有刻着兽面纹的护心镜。他双目圆睁，威风凛凛，已残破的右手中握着剑柄，左手摸着剑刃，那架势似乎在提醒一切邪魔外道：有我在这里护持佛法，你们可不要打错了主意。

在南门西侧守卫的是持棒天王，戴着头盔铠甲。兵器与铠甲，一个都不能少，少了一样，便不能给人一种威风八面、能征善战的感觉了。同前一尊天王塑像一样，这个持棒天王也表现出一副傲慢且威严的表情。他右手紧紧地握着一根棒子，尽管是一根残缺的棒子，但配合着他瞪圆了的双眼，还是能给人一种威慑感的。

还有两座造像，分别立在北门的东西两侧，这两座力士造像表情生动，而且动作夸张，有一种内在的张力，仿佛他们时刻准备好要把来寺院道场捣乱的家伙全部收拾干净一般。站在北门西侧的力士造像残损得稍微严重些，他左手持一金刚杵，可是很不

幸，他的左手和那金刚杵一样，都经不起岁月风雨的侵蚀，已然残损了，而左脚前部也残缺了一块。他紧闭的嘴巴，收缩的腹部，表现出面对邪魔时的大无畏态度。

北门东侧的那位力士倒还算是保存得比较完好。他赤裸着上身，腰间仅有一条战裙，左手拿着一杆长矛，右手握着拳头高高举起，看样子那是要伏击。一双虎目睁得又大又圆，虽然是人造塑像，但给人们的感觉却好像随时都能苏醒过来，然后拼尽一身力气，发誓要把一切邪魔统统清扫干净。看他全身的肌肉紧张而结实，那随时都要爆发出来的力量，几乎让人们忘记了这不过是一座没有生命的塑像而已。但是，这生命却也如此的长久，从古时候一直延续到今天，说不定在某一个风雨交加、电闪雷鸣的时刻，这尊雕像就会突然活过来。他可能会对现代社会全然陌生，也可能讶异于现代人为何活得如此辛劳。也许心念真的是一种很强大的力量，我在这样想象的时候，还真是感觉他动了一下，好在只是恍惚之间动了那么一下。

21

上面说到的那四位天王力士算是体形比较高大的了，看来看去怎么都要有180厘米。另外，在塔基角柱上还有四尊身量稍小些的力士造像。一位朋友在看过之前的那四尊造像后就说，角柱上的四位怎么看起来好小巧，好像侏儒一样。可是，虽然这些力士身量小，但雕工却一点儿也不含糊。或许他们没有高大魁伟的身材，可表情上分明表现出护持佛法的决心。强大的内心力量与一个人的外形并不成正比，我想，角柱上的这些"袖珍金刚"要告诉我们的就是这些。

【第二章】
用笑迎接世间的苦痛

在见过了金刚力士的威武和狰狞之后，下面应该见到的便是笑容满面的弥勒佛了。这似乎也在告诉着人们，若没有经历过恐惧和焦虑，哪里能在平静中获得安稳与欣喜？在很多时候就是这样，如果我们总是身在静处，反而会忽略了生命的平静；而只有经历了雨打风吹之后，才会把原本不那么珍惜的平静视作难得。

从前不觉珍惜的事物有很多，比如小小的成功，不起眼的礼物，平淡而毫无乐趣可言的工作，凡此种种，不一而足。可一旦你经历过各种坎坷，才能学会珍惜平常。

也罢，人生在世本就不可能真的平静，我们能做到的，也只是用笑迎接着世间苦痛，用一颗平常心面对无常的世界。

天津蓟县独乐寺里的大肚弥勒佛像

包容与放下，快乐人生的不二法门

人有得意日，必有失意时。人生最大的苦痛也许并不在于一生都一无所有，而在于得到之后的失去、拥有之后的孤寂。若是一直冷清，一直孤寂，一直潦倒，倒也不会觉得怎样痛苦，可人最怕的还不就是自己所拥有的事物不会久长吗？正是因为对"无常"的恐惧，人们总想牢牢地抓紧自己已经拥有的一切。有爱情的便渴望此生再不分离，可一旦自己厌倦了这种感情，却又巴不得对方能早早消失掉才好；有权力的都妄图让自己的权势再大些，地位再高些，可一旦遭遇身体上的重大疾病，便希望用全部的财富和权势去换来一个再活几年的机会。

短暂的得到与长久的失去相比，到底哪个更让人痛心，恐怕天下人虽然答案不一，可到底没有人喜欢品尝求而不得、得而永失的滋味吧。人啊，就是一个矛盾体。明明知道一切不长久，还偏偏要什么都挽留。当然，为了感情挽留一下，表白一下，这并无可厚非。可一旦对什么都执著起来，那便是真正地把自己裹进了痛苦的旋流之中，再也不能逃离。

但遗憾的是，人生就是这么变化无常。不管你愿不愿意，有得到就会有失去，所以，真正能用笑容面对世间苦痛，看淡世间祸福的人，若不是真的有一颗禅心在，那便是彻底的麻木，用麻木替代了对欲望的追求，然后还以为自己很了不起。可一旦他们的命运发生了改变，之前苦求不到的东西都在一夜之间聚拢到他们手中，他们便会喜笑颜开，表现得不那么淡定了。而且他们还会渴求得更多，结果就是给自己的身心又套上了欲望的枷锁。

可见，无欲无求不一定是大彻大悟，也可能是一种消极麻木。当然了，欲求过多也不好，心中有求，便生挂碍。可人生在世总需要物质资源，不然就无法生活下去。所以，欲求适当才最好，这也是一种"中道"。修行者不是不需要物质生活，而是不会让自己灵明的心被物欲吞噬。如果哪个人说自己什么物质欲求都不需要了，这也是一种妄语——人又不是木雕泥塑的造像，自然需要吃穿，无欲无求也不过是理想中的状态。可无论我们身处怎样的环境，想要过着怎样的生活，我们的心灵都不要被物欲吞没——这确实是我们每一个人都应该警醒的事情。只要我们觉察到自己的执著、自己所执著的事物都在瞬息变化中，我们自然不会被欲望所左右了。这个时候，我们才是最自由的！

一旦你真的放松下来，沉静下来，你可能都不相信，像眼前这样什么事情都不做的状态也是一种修行。或许你还在讶异着，"难道改变心灵的状态就是一种修行吗？"当然，不然你觉得修行应该是怎样呢？像出家老僧一般盘腿打坐，积年累月？可惜，如果仅仅是枯坐，那么这对于心灵的解脱了无益处。修行，修心，不过是为着转当下一念，改变心灵的宽度，生命的宽度也会随之增加。

"有德即是福，无嗔即无祸，心宽寿自延，量大智自裕。"这

开口一笑，忘却烦恼。老祖寺的弥勒佛。

是圣严法师所总结出的人生大智慧，可若是真的践行起来，我想，这条修行之路一定比游览寺院的路要难行得多。

修行难为，可到底也要去做。每日我们都口谈幸福，追逐快乐，但什么才是真正的快乐，如何获得快乐，却怕是很少有人去思索了。有人把快乐定义为自我个性的放逐，在释放自我中得到快感，全然不在意别人的感受如何；有人把快乐视为事业的成功、生活的富足，所以一旦事业上出现波折、生活上出现困窘，马上就颓唐不已，似乎全天下就他一个人最最痛苦。

因此，快乐的人生，真的应该有些胸怀去包容万物，看得淡、放得下，听着平常，可却不是人人生来就能做到的。这个过程艰辛而痛苦，但却能让我们的人生真正幸福起来。正如这拜山之路，一步步走来何其辛苦、疲惫，可真正走进了山门，一颗久悬着的心倒能坦然放下，之前再怎么艰辛的道路也不觉得苦了。

正所谓"苦才是人生"，当我们认识到了世间之苦，才会想到

27

如何让人生不苦。在苦中改变自己，让自己快乐起来，才是我们真正要思考的问题，也是人生修行课程中比较重要的那一堂。对于心宽之人来说，眼前的苦，经历过的苦，他不会觉得苦，他会把所有的苦看做是通往自心解脱的桥梁，甚至还会感恩自己所经历、所承受过的痛苦与苦难。

心宽之人，他也必定能放下一切自我执著，不在心灵上自我设限，用包容之心待人待物，不仅要包容伤害我们的人，也要包容我们并不满意的处境，不抱怨，不嗔恨，将人生经营得洒脱又快乐。如果你真的做到了，那么你也不会再为生活中的各种风波而伤神了，当你真的坦然面对生命中的变数，这时候的你也是真正自由、真正强大的。

一切随缘

　　进得弥勒殿，我们往往先是被那尊敞着衣襟、露着大肚子、咧着嘴哈哈大笑的弥勒佛像给吸引住。不知道他肚子里装了多少快乐的事，竟然在看尽千百年人世沧桑之后依然能笑得如此开怀。

　　看来，也只有在阅尽人世浮沉，品察百味人生之后，我们才往往能不再那么钻牛角尖，也不再那么愤世嫉俗，反而会用一颗超脱而平和的心去看世间种种悲欢离合、喜怒哀乐。是悲是喜，无非都是人生过往的痕迹而已，不要说有些痕迹永远抹不去，那是因为你的心头过于执迷，而不是这些痕迹有多么强大的生命力。你可以选择记住喜悦的事，自然也可以选择记住悲伤的事。但你按动记忆的按钮，做出选择之前，就应该明了，只有你才可以操控自己的感受，尽管这种操控能力需要时间培养。我想，弥勒佛一定早早地就了悟到刚才我们说的这个道理，所以他才能笑得如此悠然，再多的事情在他看来终究不过是有聚有散的云烟。

　　根据佛教传说，这位大肚便便、笑容可掬的弥勒佛也称为慈氏菩萨，他的名字叫阿逸多，被授记为未来佛。他本来是一位婆罗门贵族青年，在修成正果后居于兜率天内院，在未来世时，慈氏菩萨将普度众生。

寺院里所供奉的那尊弥勒佛像，普遍被认为是五代时期"布袋和尚"的形象。这位满面笑容的大肚比丘虽然来历不详，但却留给后人许多故事。他整日价乐乐颠颠，背着一个布口袋，说些世人所认为的"疯话"，似乎世间所有的幸或不幸都与他没有关系。无疑地，他是出尘世外的，但又是心念众生的。他既随机教化，显示禅机，但又不同于人们印象中那些刻板顽固、不近人情的修行者。

关于布袋和尚，还有这么一个故事：某天，一位禅僧走在布袋和尚的前面，他慢慢悠悠地走，似乎是在用心丈量着脚下的路。布袋和尚赶上前去，笑嘻嘻地拍了一下那个禅僧，禅僧回头就问："和尚有何贵干？"

布袋和尚不紧不慢、乐乐呵呵地说："有钱吗？给我一文钱，快点儿。"

禅僧先是一愣，然后就指着布袋和尚说："若是你道得出，我便给你。"

布袋和尚一听，就把肩头挂着的粗布口袋放下，双手交叉放

四祖寺，飘动的绿意

30

在胸前，站在原地不动。禅僧马上掏出一文钱，恭恭敬敬地交到布袋和尚手上。

布袋和尚那意思是说：我这口袋里，应有尽有。其实这口袋便是人心。人的一心，能生万有，世界万法，无不是从心而生出。但是，人们的这颗心万不可执著起来。一旦执著，就失去了自由和灵性。所以，佛门经常说"放下"，这不是让你放下手头的工作和肩膀上的责任，而是让你放下对一切事物都无比执著的心。

禅僧自然是明白了布袋和尚的意思，于是拿出一文钱，恭恭敬敬地放在布袋和尚手上。

很显然，布袋和尚不开口说一个字、一句话，但他的一个动作却道尽了世间最宝贵的真理。这个真理的价值可是远远超过了那一文钱。

在中国汉地的寺院里，第一层大殿里经常可以看到弥勒佛的身影。其实，早期的弥勒佛本是一清瘦僧人形象，与现如今我们看到的那大腹便便的样子相去甚远。在隋唐之后，那种大肚皮、笑嘻嘻的造像才开始出现。而这种造型，就是仿照布袋和尚的形象而塑造的。

在五代时期的江浙一带有座岳林寺，寺里有位僧人名叫契此。他经常背着一只布口袋，有时也会用拄杖挑起布袋，扛在肩上。他随处行乞，困了就找个地方安静地卧下休息。有人向他问话，他却答非所问，口中的言语含糊不清，如同疯癫一般。因他肩上的布口袋分外显眼，人们就把他叫做"布袋和尚"。

要说起那布口袋，可真是个宝贝，不论他需要什么，都能从这口袋里翻出来。人们说这是一个宝袋，世间的一应用度，这口袋里应有尽有。这样的话，想来布袋和尚也听过许多了，他在圆寂时留下四句话："弥勒真弥勒，化身千百亿。时时示世人，世人自不知。"

这四句话可是颇有深意，我想唯有那些灵心不凡，愿意深想细思的人，才能参悟透其中真理吧。在第一层大殿中供此嘻嘻哈哈的弥勒佛，其实也是佛家的一种方便法门，一种表法。这样的布局会让那些走进山门的人刚一抬头就看得到一张溢满笑容的面孔，使人对佛门生出一种亲切之感，这是佛门的一种应机教化。所以说，来到寺院不一定是要拜佛祈求，如果能因寺院中的一尊佛像而结下佛缘，从此走上潜心修行之路，这岂不是更大的收获吗？

当我们抬脚进了山门，便就是把充斥着尘劳的心放在了尘世。要知道，我们来寺院，不是要求佛菩萨保佑我们什么，或者赐予我们什么。有所求，终究是一种负累，一切随缘不好吗？得失看平常不好吗？

在道理上我们都明白，可是我们终究无法自己放过自己，看到别人的机遇好过自己，总免不了慨叹一番，似乎自己便是天底下最不幸的那个人。可是，众生都有着各自的因缘，无分好与不好，只要把每一次的"不好"想办法转变成"好的"，那便是修行上的成功了。有了这样的转变，自己的生活岂不是也能出现转机。可是有多少人在面对挫折时只顾得叫骂不停，仿佛不做一番抱怨就不能排解出心头之恨一般。但是，当身边的人对他说："消停会儿吧，别抱怨了。你有时间抱怨，还不如想办法改变当下的情况。"他又会不耐烦地说，这些道理自己都懂。可为什么懂了道理之后却不能在行为上实践，遇事看得明白，原因就在于他自身的习气。习气很难克服，修行的另一个目的就是要去除自己的习气。

修行，不仅要让内心修得清净自在，一片光明，更重要的是通过改变无限的内心而改变有限的外在，包括自己所处的环境，自己的遭遇，以及所谓的命运。对于凡尘之人来说，他们以为命运把握在他人手中，而智慧的人却明白，人们的心灵是具有无限创造性的。心灵是空，也是光明，也是一种"无的状态"。而唯其是"无"，才具有无限的创造可能。

如若自己内心深处还有什么烦恼，还有什么牵挂放不下，那么，请抬头看一看面前的这尊微笑永不变的弥勒佛吧。正因为心处在空无的状态，所以能够自由地适应一切，容纳一切。我想，真正幸福的人生，大抵就应该是这样的。不过，这可不是在寺院里游走一圈就能得到的，要得到真正幸福、坦然的生活，也要靠自己的悟性。

心能转物，即同如来

在每个人的生命里，或多或少，总会因了不同遭际而产生不同烦恼。曾经有人戏言，人生有多长，烦恼就有几许。于是，我们这些在红尘中打转的人，在劳碌中奔波的人，在困境中纠结万分的人，就对那些身心清净、无忧无虑的世外高人羡慕之极。

其实哪里有什么世外高人呢？谁不是在人世间来了又走，在经历过一番浮沉升降之后才豁然醒悟，将名利放下；在承受了感情生活的一波三折之后，才真心地把情愁释然。若你心中也能时刻清净自在，放下挂碍，你也将会是个幸福快乐之人。所以，就把人生当做一次充满善缘的旅程吧。无论你遇到对的人也好，错的人也好，你遇到他们，是因为与他们有缘，对待有缘之人，难道还要用分别心、嗔恨心来面对吗？

记得禅宗中有这么一句话："心随万境转，转处实能幽，随流认得性，无喜复无忧。"

我们活在尘世中，总是让自己的心灵状态随着外境变化而变化，这个变化从来就没有间断过，所以我们活得很累很累。大家想想，外境的事物万万千，它们在分分钟之内就有多少种变化，而我们呢，不是安然地停留在一个自由而灵动的状态中，而是随着外境改变自己的心灵状态。

就像那些做生意的人，若是赚钱了，便喜笑颜开，抬头看看万里无云天，那真是人生何其美好。可若是赔钱了，忍不住在心里骂娘，忧愁万状，看谁都像是仇家一般。大喜大悲，最容易让人精神错乱。而不喜不悲，似乎也没多少人能够做到。那种不轻易为外境而过度悲喜的人，无非是看透了世界的本质，既然看破，又何须烦恼？

安住于禅意之中的修行者，他们的心在面对外界动荡时也能保持一种安宁。每一天都自由地呼吸着，自由地去应对一切变化。在心灵所转之处，应该能找到一个全新的天地。如果我们真的能随时随地体察心灵的本性，让自己于安然中静默，在静默中积蓄崭新的力量，那么，我们就超越了悲喜，也超越了有无，如此，我们的生活便时时刻刻都是自由自在的，心中清清净净，又何必羡慕天上的神仙或彼岸的菩萨？

修行啊修行，还不就是让自己的生命充实起来，觉察到当下的心念，不要让它影响自己将来的生活。过去的心念，造就了现在的人生；而现在的心念则会影响未来的模样。佛菩萨们一早就明白心念的重要性，可我们却还要在这尘世中修炼自己的那颗心。尘世便是最好的道场，因为这里分分秒秒都上演着喜怒哀乐，而我们总是一厢情愿地以为这些欢乐或悲喜都是真实存在的，而忘记了，这些只不过是我们自己内心生发出来的一种感受，无关于外境，而只关系到自心。正如东土禅宗四祖道信禅师所说的那样："境缘无好丑，好丑起于心。心若不强名，妄情何处起？"外境是个什么样子？不过就是那样罢了，至于它是好是坏，每个人自有不同的评判。可是，它却会因为你内心的憎恶而变得更糟糕，也会因为你内心的喜爱而变得更加迷人。当然，如果你能对一切外境保持着内心的喜悦不动摇，那么你便是如来了。《楞严经》上说得好："心能转物，即同如来。"外境的一切，都不再使你产生憎恶或狂喜，你的心永远保持着觉性，保持着安宁喜悦。你再去感受一下自己的生活，会不会有一种生在净土的感觉？

有人说，夏季知了不停地叫，阳光又很刺眼，夏季真不好；有人说，冬天寒风凛冽，冰冷刺骨，冬季也不好。可是转念一想，没了哪个季节都不好啊，你不喜欢人生中残酷寒冷的那些事情，但这并不会让它们真的就不会出现。对于心灵清净的人来说，安静好，喧哗也好，欢喜好，忧伤也好，少了任何一个，这人生就不再多姿多彩、丰富异常。在随遇而安的人看来，春天好，夏天也好，秋季好，冬季也好，总不过是一年一年的色彩变换着呈现在自己面前而已。心无分别，境便无好坏之分，从此人生便天天是晴天，生活中的挫折也磨不掉心中的灵性，反而这灵性却因为岁月的历练而愈发地光明起来。

所以，我格外地喜欢看那尊笑呵呵的弥勒佛像。每次看到露着笑容、呆萌呆萌的弥勒佛像，我都在想，哎呀，要是自己也能像他这样，每天开开心心的该有多好啊！但自己低头细一寻思，似乎觉得现在的生活也没什么不快乐的。究竟是心怀喜悦，还是满心困重，我倒认为这与我们是否想的太多很有关系。

在很多时候，我们总希望生命中的一切都能按照自己的计划

36

和预期进行。人们生来就害怕改变，因此我们总觉得自己承受不起命运的意外安排——当然，如果这种意外安排能带给我们更多收获，比如物质上的丰收，那我们还是会喜滋滋地迎接它的。其实，有多少因缘、多少际遇都是我们不能自己掌控的。这些超过我们预料的安排往往让我们措手不及。正是因为如此，所以有些人恐惧，有些人焦虑，有些人痛苦，有些人担忧，当然，也有的人在一旁笑。不过别误会，他们可不是在笑着看别人窘态百出，而是在笑自己的生活因为那些"不可预料"而变得更加丰富起来。这就好比一个胸怀广大的人被最好的朋友出卖之后，他不仅不恼恨、不生气，反而还嘻嘻笑着说："若不是经历了这么一把创伤，我怎么能看清身边的朋友，我又如何能更加珍惜对我真心真意的人呢？"

要想活得不累，活得轻松，人就要学会转念。与其害怕变化而自我封闭，不敢面对生活，那还不如大大方方地面对这个世界，

黄梅四祖寺一角

面对人生中可能出现的波折与变化。虽然我们做不到像弥勒佛那般笑对世间变化而不动心，但我们也能在变化发生时先去觉察自己的心，对自己的欲望或者恐惧有所节制，这本也是历练出智慧的不二通途。

大慈岩悬空寺：双面弥勒佛，一样人生路

悬空寺，即是将寺院建筑在悬崖、山岩之上，远望去仿佛悬浮在半空中一般。在人们的印象中，似乎一提到"悬空寺"三个字，便会在脑海中浮现出山西的恒山悬空寺，其实，在浙江建德市南还有一座悬空寺，有着"浙西小九华"的美誉，这便是享誉世界的大慈岩悬空寺。

据说，在元代大德年间，有一临安人名叫莫子渊。不知他在梦中见到了什么瑰丽无比的景象，我们也不知道到底是他心向净土已久，还是本就应该皈依佛门，他因一场梦而离家别子，循着梦中指示而来到此地，以山石为现成材料，用心做刻刀，费尽百般气力琢成佛像，并将其命名为"大慈"。想来是后人以此佛像而为山岩命名吧，"大慈岩"的名字就这样流传下来。千百年过去，任凭雨打风吹，山岩依旧耸立，石佛的面容依然清晰。人们在面对这巍峨却又亲切的面容时，是否会一边赞叹着大自然的神奇，一边感慨着人类的智慧与勤劳呢？

其实我更觉得，与其赞叹人类的双手与过人的毅力，倒不如将自己最真挚的敬意献给人们对慈悲心怀与清净世界的向往。当人们渴望世间充满慈悲时，便会用他们的双手雕刻出慈悲，用他们的心去寻觅慈悲。这慈悲能够通过刻刀表现出来，也说明雕刻之人寻到了自己的那颗慈悲之心。或者说，是重新发现了自己那颗慈悲之心，因为我们的心灵，本来就具足着光明和慈悲。怎么？

是不是连你自己都没有感觉到这种力量？那是因为我们日日被尘劳捆锁，时刻想的是为自己争取什么，争取多少，而不是为他人争取什么，争取多少。但是，即便我们每天有这么多妄念，我们心头的慈悲与觉性还是存在的。它们的觉醒，只是在等待一个契机。

我想，对于有些人来说，人生的重重苦难磨炼出了他们警觉的心性；对于有些人来说，众生的苦难培植出了他们的慈悲。有人因听经而悟道，有人因圣人言教而得果，自然也有人会因为凿刻一尊佛像而结下善缘。

在大慈岩悬空寺，矗立着一尊天然立佛，号称是"全国第一"，而在天然立佛的脚下便是双面弥勒佛了。这尊双面弥勒佛坐像，从东西两面都能看到其饱满圆润又充满真实感的笑脸，仿佛人间的所有苦痛悲伤，在这笑容面前都失去了原本的苦涩。不管是今生还是来世，不论是彼岸还是此生，只有笑对苦难之人，才能从苦难中超脱。可说起来容易做起来难。超脱苦海，这是众生的心愿。可究竟如何超脱苦海，却不是每一个人都能了悟到的大智慧。

双面弥勒佛，有着两种不同的造型：面对游人的一面手中拿着佛珠，口中念念有词，究竟是要把什么快乐秘诀传达给世人，那就看各人的领悟了；面对山门的那面则是双手拢在宽大的袍袖中，样子十分憨然，让人看了深觉心中释然。

看来笑对人生、活得洒脱，原本就是每个人都可以做到的境界。生命到底是一场旷日持久的斗争，还是一场怡神舒心的旅程，其实全看我们各自的心。清净之人，哪怕身陷困境与纠葛之中，也依然能保留住脸颊的微笑，用绽放的笑容迎接人生中最深重的苦难，这朵笑容与释迦牟尼夜观明星而有所悟都同样感人，同样展现出心性之美。

【第三章】

中道，最圆满的人生之路

修行不是要我们刻意地抛弃财富，去过一种极端贫穷的生活。修行是为了让我们的内心通向清净、圆满，培养出人生智慧。沉溺于富贵之中同刻意地追求贫穷都不是明智的生活方式。真正智慧的生活方式用"中道"二字便足以概括。所谓中道，便是不落极端。沦为金钱的奴隶固然不好，但事事不努力，把消极懒惰等同于淡泊宁静，更是一种糊涂的做法。

寺院里的一朵小莲花，开得正好

过一种充满禅意的生活

在笑容满面的弥勒佛两旁围绕着四位表情严肃，甚至还有些怒容的天王。他们与山门殿的哼哈二将似乎很像，但仔细一瞧，还是颇有不同。这四位猛将便是"四大天王"，他们手中的法器各自表现出不同的佛理，同时也表露着不同的人生态度。

乍一看到四大天王圆瞪的双目、倒竖的双眉，多少还是让人有一种胆战的感觉。不过，在他们威严的面孔下，却隐藏着一颗护持善法、护国安民的慈心。

说起四大天王，人们并不陌生，甚至还能如数家珍地说起这四大天王的名称以及各自的职责。这四位天王真是了不起，他们不仅是佛教的护法神，也是世间众生的保护神，想来很多人在供奉这四位威神盖天下的天王时，心中的感念要多过崇敬吧。

除了这四大天王，还有所谓的"四大金刚"，很多朋友曾把二者混为一谈，其实他们并不是一回事。佛教的四大金刚分别是五台山的泼法金刚、峨眉山的胜至金刚、须弥山摩耳崖的大力金刚和昆仑山的不坏尊王永住金刚。四大天王在人们口耳相承的传说中被说成是天界的魔王，后被佛陀收服而成了护法神。尽管我不确定这故事是否有出处，但每次仰头看着弥勒佛身边的这些护卫，心中还是会被他们的威严表情深深地震撼那么一把。

　　或许你会觉得，在笑容可掬、亲切可人的弥勒佛身边放置这些身材魁梧、剑眉高耸的金刚造像似乎有些不大适宜。可是，慈悲与勇猛从来就不是互相冲突的啊。一边是慈悲大度，一边是威猛英武，于是，慈悲者更显慈悲，威猛者更显威猛。这也是在用两种不同的手段去度化不同的众生。

　　佛法之伟大，便在于它随着世间众生的根性而使用不同的手段来开启他们的内在智慧。用佛家的话来说，生活中的任何事物，都是帮助我们修行的良师益友。你觉得事业上遇到挫折很痛苦吗？那么正好让你有时间去考虑以后的人生规划，所以很难说事业上的失败到底算不算是"失败"。你被心上人拒绝了，你觉得很痛苦吗？可你正好可以让自己在痛苦之中想清楚真正适合自己的人到底是什么类型。看来，失恋也并非一点好处也没有。

　　若是人们在困境面前如此转念一想，那么，人生中哪里还能有"绝境"啊。所谓绝境，无非是自己不肯放过自己，不肯让自己的心灵稍稍地有那么一丝喘息的机会，凡事都计较，每个时刻都在算计着，结果自己的生活不仅没有任何起色，自己的心灵也日益困苦不堪。身累心更累的人们如果无法学会转念，做不到自我解脱，他们首先想到的地方就是寺院。到寺院里走上一遭，望一眼天边的红霞，看一看面前的佛像。那些或慈悲或开怀的表情，多多少少能让人们心头的烦恼减轻一些。

　　对于那些有心之人来说，他们在走进一座寺院之后并不单单是拜佛烧香许愿还愿，或者单纯地来排解心头烦恼。他们也许会对寺院的历史颇感兴趣，进而不断探究，或者对自成一体的建筑格局十分关注。但不知你算不算得上是个真正有心人，是否留意过四大天王手中所持的法器，是否探寻过这些法器各自所含的意义。

请允许我先从东方持国天王说起，他手中所持的法器是一把琵琶，琵琶上有弦，代表着我们做事要有张有弛。这就好比弹琴，琴弦过松，则难以弹出声音，更别说是弹奏出优美动听的乐曲了。但是，如果琴弦过紧，它就会断裂，说不定还会伤到手指。唯有张弛有度，才能弹奏出乐曲，这也才是符合"中道"的做法，而"中道"被认为是一种大智慧。不落两边，没有分别，远离极端，超越了是非爱憎，超越了苦乐有无，这样的人生岂不快哉！

我们活在世间，若能凡事都做得恰到好处，我们的身体就不会疲累，心灵也不会被凡尘琐事束缚，不仅事情会做得圆满，人生境界也能呈现出一个圆满的状态。大家不妨仔细想想，我们过分追求物质生活，让心灵永无休息、让思维永不停歇，这样难道不累吗？但是，我们作为现实生活中的人，又不能不靠着物质来生活。我们不是木刻石雕的佛像，自然需要吃喝用度，所以，完全没有物质也不能继续生活下去。对于物质追得紧，身心疲累；不去经营，那么就只能混吃混喝地过日子。可是，如果我们能对物质与心灵把握一个度，平衡一下二者，那便还算是接近于中道的生活了。

做事做人都应该这样。中道二字，易说好写，可是不好践行，所以才有了修行炼心的必要。过一种充满禅意的生活，让心灵与身体保持平衡，也不能让物质与精神过分地偏于一端。

南方增长天王，手中所持法器是一把利剑，它既象征着用智慧的利刃斩断世间之烦恼，安心修行，也是在提醒世人，做事要利索果断，不要拖拖拉拉。如果有人整天对你说这些大道理，恐怕你会烦死了，就像我一样，离那些只会讲大道理的唐僧越远越好。可是，这一尊尊造像却在不动声色中揭示出做人做事的道理，只看你能不能悟到，这可真是极高明的说法形式了。

西方广目天王，他的法器是一条神龙，象征着世间一切事物无不是在变化之中，变化是唯一不变的真理，所以佛家讲"无常"，说"无我"，正是因此。可是，面对变化我们不应惊慌，更没必要恐惧，我们要做的，是用一颗灵敏的心去适应变化，唯有适应，才能从容。

还剩下一个北方多闻天王，他的法器是一把伞，表示"遮盖"，可到底要遮盖的是什么呢？在这个瞬息变化的世间，总是充满了种种诱惑，有些诱惑让人心乱神迷，以至于忘记了自己此生为人应承担起的责任；有些诱惑使人原本清净的心中多了许多邪恶杂念，以致做出种种错事，而自己也在心魔的圈子中不停打转，找不到让心灵停靠的地方，所以，不能抵挡诱惑的人，不仅自己会活得很累很痛苦，而且还把这种痛苦加在别人身上。可见啊，世间的诱惑要时刻提防，要保护好自己那颗本来清净纯明的心灵，不要被染污了。

四大天王手中的法器就是在向我们说法，向我们揭示了一种生活态度。尽管塑像不会说话，不会行动，可他们固定不动的画面不就在昭示着一种修行法门吗？当然，如果你只是低头想着应该往功德箱里放多少钱才能满足心愿，你自然看不到这些"说法"的塑像了。

其实，对我们说法、开悟智慧的又岂止是这些造像呢？智慧源自于内心，但更是根植于生活中。佛陀所讲的道理虽然精妙高深，但每一种佛理都与人们的生活密切相关。有觉性的人，他会认为生活中的一切、身边的一切，即便再寻常，也可以给自己带来启示。

曾经听友人讲过这样一个故事：一位求知若渴的青年，他特别希望勤奋学习，然后迈进知识的殿堂。他是如此地努力，以至于他做梦都梦见自己在跋山涉水之后来到一个地方，这里有两扇门，一扇门上写着"此处通往学问的殿堂"，另一处则通往一间教室，那里有高人在讲课，内容就是如何抵达学问的殿堂。但是很遗憾，这个青年选择了第二扇门。

我们总希望自己能在某个时刻、某个地方，接受到特别难得殊胜的启示，或是寻找到人生的终极真理。我们总是随着乌泱泱的人群来到传说中灵验稀奇的地方，希望在这里有异乎寻常的发现。但是，我们在如此急迫而匆忙地寻找时，却忽略了那些所谓的启示与真理，原本就在生活之中，就在我们身边。

比如，一个求财求富贵的人，他头脑里想的是用供品来获得神佛的欢喜，从而赐予他财富，因此他全然忘记了站立在他面前的佛像所代表的慈悲、宽容、淡泊行事。他看不到佛菩萨带给他的启示，他想的仅仅是那四个字"有求必应"，而完全看不见佛菩萨造像所表达出的人生态度和一种生活的方法。盲求瞎拜，无益于心灵的成长，也无助于生活的改造。

如果忽略了对生活的体验，我们将失去一次次身心成长的机会；如果来到寺院只是为了满足欲望，那更是和心灵的解脱、智慧的觉悟背道而驰。静静地看一朵花开了又落，难道不好吗？好好地品一杯禅茶，于茶水中觉察心灵的变化，难道不好吗？来到天王殿，除了拜佛求神，再留意一下天王造像所表之法，思考一下他们所象征的人生态度，难道不好吗？

如果人生真的是一场修行，那又何必行得如此匆匆？一步一步慢慢来，难道不好吗？

刚柔相济，慈威并施，是真慈悲

人们常把那些善良慈悲之人唤做"有一个菩萨心肠"，可知佛菩萨都是"善良慈悲"的，而大度、慈悲、良善，似乎也成了佛教的一种品格，成为人们对佛教道德观的全部概括。

可是，佛门中既有慈悲心肠的菩萨，也有怒目圆睁的金刚、天王。刚柔并济，这才是真正度人的好手段。一味慈柔，结果很可能是助长了世间的歪风邪气，所以，还得有人站出来，拍拍自己的胸膛，用些强硬的手段，守护道场，守护佛法。

佛菩萨的慈悲对世间一切生灵敞开，可那天王、力士所表现出来的勇武强悍，也未必不是一种慈爱——如果能引得迷途众生重归正道，那么金刚怒目又何尝不是一种对众生的爱护呢？见多了慈眉善目的佛菩萨造像，偶尔看一看威猛的天王，特别是留心一下他们的表情，或许你心里会有另一番感觉。

在人们通常的印象中，出家人总是和和气气、待人慈悲，事实上也确实如此，不过在禅宗故事里，倒是随处可以见到动辄就喝骂弟子的禅师。当弟子有疑问时，他们不是高声断喝，便是一禅杖打来。不明禅意的人，往往会感觉这些禅师严格而苛刻，完全没有一点慈爱的样子。可是，在这严厉之中却也有对弟子的关爱、对众生的关怀。

刚柔相济，慈威并施，听起来这似乎更符合佛家所说的中道。有时仔细想来，在世间做人又何尝不应该如此呢？我们天天都在说，对人应该宽容大度，可有些时候威严那么一回、严厉那么一把，似乎更显得"有人情味"一些。太过慈软的心肠，往往也会给自己带来麻烦，而在某些特殊时刻，强硬与威猛反而更能保护自己、救度众生。

可见，寺院里的一切无一不是在向我们"表法"，比如当我们看到观音菩萨的慈悲和悦相，就会在心中生起慈悲、喜悦的念头，去行慈悲众生的事情；看到弥勒佛憨厚的笑容和圆鼓鼓的肚子，就会想到做人做事当大度宽容，留宽容心，现慈爱相。无量无边的道理，都在这具体的造像中得以显示，这总比一味枯燥地说教要更让人容易接受。

不过，这些表法也只有用心观察、体悟，才能从中见到智慧。

山门清净。老祖寺掠影。

正所谓"外行看热闹，内行看门道"，进得山门之后，放不下尘世杂务的人一味地在求，而把尘世杂务看得淡然、愿意从此活得坦然的人却笑对弥陀。

但愿，慈悲者因见了勇猛的天王像而培植出无畏；但愿，凶狠者在见过慈柔的弥陀像而生养出慈悲。慈柔应有度，勇猛亦复如是，一切道理都尽在天王殿的弥勒像和天王像中。

桑耶寺：自然生成的释迦牟尼佛像

在西藏山南地区的桑耶镇境内，有这样一座寺院，它始建于公元8世纪，号称是吐蕃王朝第一座剃度僧人出家的寺院。寺内建筑按照佛教的宇宙观而布局，寺院的中心佛殿乃是融合了藏、印、汉三种建筑风格，因此也被人们称为"三样寺"。但它还有一个名字，桑耶寺。

在公元8世纪，来自古印度乌仗那国的密宗大师莲花生进入西藏。他传播密法，度化当地众生，还主持修建了这座桑耶寺。在桑耶寺内，保存着许多珍贵的历史文物，其中有一件十分不可思议的圣物，那便是一尊自然形成的释迦牟尼佛像。天然形成，没有人工痕迹本就已经难得了，可更神奇的是，这尊造像据说还经过三世佛的加持，所以灵验无比。说实话，当初一心想到那里去，就是为了一睹其风采。可能是因缘不够，在做了许多准备之后也未能成行，无奈之中也只好听朋友们的一番描述，来解解心头之痒了。

作为受人推崇的一位圣尊，释迦牟尼佛的造像绘画在很多藏传喇嘛寺中都能见到。桑耶寺这里供奉的释迦牟尼佛像，身如金色，面庞安然，微微垂下的眼皮显得很是可亲。他头上戴有宝冠，那宝冠上装饰着许许多多的宝石——我也是听从桑耶寺回来的友人所说，很遗憾，没有亲眼一见，也只能根据友人的讲述和资料图片来想象一下了。

可是，无论如何调动自己的想象力，都很难满意地描摹出这尊大佛的形态，至少对我来说，我是不敢轻易去对人描述他的，唯恐一不小心，失了敬意。说他庄严，可无论哪座佛殿、哪尊佛像，都是庄严神圣的；说他慈悲，可任何一位佛菩萨对于众生都是怀着慈悲心肠的。

这尊释迦牟尼佛像眉间有一白毫，仿佛无声地观照着大千世界的每一个角落，观照着三世的落寞繁华，观照着世间每一个人的心底最深处。自然，我也在他观照的范围之内。每每一想到这个，我便有种很难说明的感觉。一方面，我希望慈悲的佛陀能看到我内心的忧虑、恐惧，另一方面，我又担心他看到我内心中那些阴暗的想法。

我一直为自己心底的一些阴暗想法而有一种深深的负罪感。比如有那么一个时期，对财富的巨大渴求，我的这种对财富的渴求感被许多朋友说成是"对成功的追求"，是值得称许的。但很快我就发现，对财富的渴望已经成为我心头的一颗毒瘤。没有钱的时候，我迫切地需要它，并且为了维持生计而忙忙碌碌。但是，我常想，如果有一天，我变得非常富有，那么我的境况并不会比现在更好。是的，那个时候我会有充足的钱去购买我喜欢的东西，可这些真的需要吗？这个样子的生活，难道就真的是我梦寐以求的吗？我被财富吸引住，在金钱的圈子里打转，表面上看起来生活很富足，但这是牺牲了许多时间和个人自由才得来的，唉，得不偿失啊。

若是佛陀知晓了我的这些念头，不会笑我吧？可我却希望他能将我心底的一切看得十分透彻。有些时候，把阴暗的念头拿到太阳底下晒晒，总比一直闷在心头更好。人不要害怕欲望，也不要为了自己那些不怎么美好的念头而自责，正是因为这些杂念存在，我们才能找到修行的意义。

　　如果以后找到机会，我肯定要来桑耶寺的。我想告诉那尊佛像：你是天然生成的，我的心也是。我的心与你一样，原本都是纯净光明的，虽然我还要为沾染灰尘的心灵做一些很必要的功课，但我会坚持着走下去，一直走向你!

【第四章】
圆满总要贵人扶

在天王殿后面通常塑有韦陀菩萨的立像。这位大菩萨可比前面的哼哈二将、四大天王显得"平易近人"多了。单看他相貌堂堂、表情和悦，就知道这位菩萨一定"很好说话"，可其实这位韦陀菩萨的责任却十分重大，他不仅要降伏扰乱人心的邪魔，还要护持修行者和善良的人。

我们专心修行，还真离不开这位面如书生、实则勇武的大菩萨的护卫。正所谓"圆满总要贵人扶"，这位韦陀菩萨就是我们修行道路上的贵人啊！

湖北黄梅五祖寺的一个角落

不要执迷于表相

转过天王殿，我们往往会发现在弥勒佛像后面还有一尊身材高大的立像，这人仪表堂堂，英俊威武，他没有四大天王那般高高在上，虽然面目威严，却又给人一种容易亲近的感觉。在生活中，我们也有过这样的感觉，有些人看起来凶巴巴的，似乎很难相处，但若是你拿出真心与之交往，说不定还会埋怨自己当初的想法，你会在心底说："这人其实也蛮好的嘛！"可见啊，不论是看人还是看事物，都不能从表相入手。佛家也是这样讲的，不要执迷于表相，而要用心去看事物的本来面目。

这个立像就是韦陀菩萨。这位韦陀菩萨，是贤劫千佛中的最后一尊，他原本是婆罗门教中的一位天神，后来归入佛门，成为护持佛法和出家修行人的护法神。佛陀曾经叮嘱过韦陀菩萨，要他护持佛法，镇伏魔军，所以，我们现在所看到的韦陀菩萨的造型与观音、普贤等都不相同，他化现为一勇猛武将的形象，手中持有金刚杵。每当他见到有修行人被邪魔外道所迷惑，就会迅速赶过去，降伏邪魔，以使修行人能安下心来，专心修持。

韦陀菩萨的主要职责是护持佛法道场，他背对着弥勒佛，面向大雄宝殿，日夜护卫正法，不辞疲惫。佛经故事里说过，释迦牟尼佛涅槃之后，诸位天神将佛陀遗体火化之后便收取佛舍利，还商议着建造佛塔供养佛舍利之事。帝释天说佛陀生前曾答应给他一颗牙齿供养，因此他就用七宝瓶装好佛牙舍利，正准备回去好生供养，可是在半路上却被罗刹给抢了去。韦陀奋力追到罗刹，夺回了佛牙舍利。

这一路行过来，我们在前面看到的哼哈二将也好，四大天王也罢，他们手中都有不同的法器，这些法器又各自蕴含着不同深意。同样，韦陀菩萨手中也有一件法物，这便是韦陀杵，当你仔细地观察，会发现在不同道场，韦陀杵所放的位置也有着极大的差别。

把韦陀杵扛在肩上，这种形象多见于那些大型寺庙，若有云游到此处的僧人可以在这里挂单吃住三天。但如果韦陀杵是平端着放在手中，那便说明这个寺庙规模中等，来此挂单的僧人只能吃住一天。若是韦陀杵竖立起来，杵着地面，那么抱歉了，这是个小寺庙，无法为云游到此的僧人提供吃住。

在山西平遥双林寺中供奉的韦陀造像与我们平时接触到的有着极大不同，平遥双林寺的这尊韦陀体格壮硕，右臂紧紧地握拳下垂，左臂端起，肘部向外张开，充满动感的造型将其力大无穷、勇猛善战的特点表现得颇为精妙。若是远远看过去，你会真的以为那里站着一位身穿铠甲，随时准备与恶人搏斗，护持修行者的神将。

更为值得一提的是，双林寺的韦陀造像不仅姿态与其他寺院大不相同，而且他所在的位置也不同。在一般寺院里，韦陀像都在天王殿弥勒佛像的背后，可双林寺的这座韦陀塑像却立在观音菩萨身边，成为自在观音的保护神。这里有个流传已久的民间故事，倒颇为有趣。

每年农历二月十九日是观音菩萨生日，文殊菩萨交代给韦陀将军一项任务，让他把一担礼物挑到观音菩萨所在的普陀山。观音菩萨早已得知这个消息，他心想这正是度化韦陀的一个好机会。

韦陀将军挑着沉重的担子，驾着祥云，着急忙慌地向南海行去。也许是一路上走得太快，韦陀将军感觉很是疲累。眼看马上要到普陀山，韦陀却找了个清净的地方打算休息一下。本来是打算休息一会儿就继续赶路，可也许是天气太热，走得太累，韦陀便打起盹来。

观音菩萨在空中看到韦陀睡得正香，便掀起一个大浪，拍醒了正在酣睡中的韦陀将军。韦陀被惊了这一下，才想起来还有很重要的事情没办完。于是他急忙挑起担子，向普陀山走去。不一会儿，掩映在翠竹苍柏间的寺院楼阁就进入眼帘。这时，韦陀才算松了口气。

不过，观音菩萨给他设置的磨难似乎还没停止。因为不知从哪里窜出的三只猛虎正以惊人的速度朝着韦陀奔来。作为神勇大将，韦陀自然不会把这些猛兽放在眼里，他把担子放在地上，做出与猛虎搏斗的架势。

可猛虎的目标根本就不是他，而是他肩上挑的那些礼物。还没等韦陀反应过来，老虎们早已冲过来把礼物撕咬得稀烂。韦陀将军一时傻了眼，他正发愁要如何向观音菩萨交代，却听到一个声音说："前面站着的可是韦陀将军啊？"

韦陀回头一看，说话的正是观音菩萨。因为没能做好自己分内的事，韦陀十分愧疚，他木然地站在那里，一时竟不知道说什么好。

观音菩萨便问："刚才你急匆匆地赶来，可是有事？"韦陀就把文殊菩萨交代给他的事情以及他是如何来到普陀山的经过一五一十地说给观音菩萨。观音菩萨听后微微笑道："看来，你这大半日的工夫全白费了啊。"

"是呢，是呢。谁能预料，这些给您庆生用的礼品竟被老虎给吃干净了！"韦陀低着头说，"难以预料的事情真多啊。想来人们在世间忙忙碌碌，为了自己的目的连命都可以不要，可到头来呢，还是一片空空，什么都带不去。早知道如此，我就不这样急匆匆地赶来了。不瞒菩萨，我这一路上，都没有好好欣赏景色呢。"

"你说的不假！世上人每天都活得很累，他们这样匆匆忙忙地活，直到生命走到尽头，方才后悔起来。唉，人们都在追逐外物，为了带不走的东西，反而让自己活在烦恼、疲累中。"观音菩萨有意点化韦陀，因此才这样说道。

韦陀到底还是悟性很高，他双手合十，对观音菩萨说："能趁着年轻力壮时好好修行，这才更重要。可是，我却发现有些修行人总是半途而废，好可惜！敢问大士如何才能让这些人专心修行呢？"

"当有心魔生起，或者有人来干扰生事，众生自然难以继续修行。韦陀啊，你就做佛门的护法吧，若见有邪魔前来滋扰，你就要护持一切修行之人。"韦陀将军领命之后，便成为佛门中的护法神。因为他是经过观音菩萨点化的，所以，双林寺中便把他的塑像立在了观音像身边。人们若是来到双林寺，多要拜一拜这位大善菩萨。

昙花一现，只为韦陀

　　相传，在数千年前，有位清秀可人的花仙，她爱慕上了威武英俊的小神韦陀。虽然韦陀对此毫不知情，但这并没有阻挡得住小花仙对心上人的思恋。这种思恋之情是如此浓烈，以至于她沉浸在自己的情感世界里，忘记了自己是在宫规森严的天宫。

　　后来这件事不知怎么的，竟传到了玉皇大帝耳中，神仙净土，岂能容得下这男女私情，更何况动了凡心，本就该是死罪。还好，玉帝只是将花仙贬为一种不起眼的小花，在每一天，她只有一个时辰开花。花仙并不因此怨恨，痴情的她只在韦陀出行的那个时间段才尽情绽放，希望把这最短暂的美丽送给最心爱的人。

　　或许，这故事中的小神韦陀与那位把守道场的韦陀菩萨并非同位。那么，端坐在莲台之上的佛陀又是如何看待爱情的呢？

　　世间真挚的爱情，很好，很感人，那是短暂人生中最闪亮的光芒。可是，再真挚、再感人的爱情，也不过是因缘际会，短短如许岁月中，却要因为当初的一点动心而留下万千的苦痛。有人说这不值得，人生中可以为之努力的事情还有很多，比如创建事业，为什么要把满腔热情耗费在对脂粉红颜的追逐上。也有人说，只要是真正爱过了，就应承担起以后的一切，不论那结果是悲是喜，都不能有丝毫怨言，既然当初爱了，又何必要抱恨终生？

佛家看来，爱分两种，一是凡夫之爱，一是"法爱"。凡夫之爱不过是因为原始欲望的左右而追逐自己喜欢的异性，就好比猎人追着驯鹿，这爱中充满了贪欲，永远没有餍足的时候，因而内心也永远是痛苦的。这种痛苦，不是别人施加给自己的，而是因为自私又迫不及待地要占有对方才造成的。

而"法爱"则是清净、没有贪欲执著在其中的，法爱之中没有染污烦恼，没有丝毫的占有和欲求，那是一种纯净无比却又很难做到的爱。这种爱为我们指明了解脱的大道。可是，世间又有几人能够做到呢？

法爱是不需要条件的，它不是为了填补自己的需要，也不是要满足自己的欢乐，它和肉欲无关，也不是建立在对方为自己付出的条件之上。那不是自心的执著，也没有因一厢情愿而产生的烦闷，不会在经受无常变化之后给我们带来彻骨之痛。

一切因缘，无非是刹那生灭，姣好的容颜是这样，被人歌颂的爱情也是如此。确实，爱情本身没有错，只是人们偏偏要那么执著地看待这处于变化之中的东西，不仅为此伤人伤己，更因为自己得不到而做出过分的事。这不就是因为看不破那所谓的"爱情"吗？

因爱而癫狂，为情而放浪，听起来这是多么的不羁，多么的热烈。可是在癫狂之后呢？一切都会归于寂灭，而自己的贪爱之心所造成的伤害却会永久存在。有智慧的人，才不会选择这条道路。

再看看昔日万般情深的恋人，最后不要说那往日的深情是否

65

还在，两人没有彻底翻脸，没有从爱侣变成仇家就已经不错了。

可是，佛陀绝不是让所有众生都出家，都做出如他一样离家别子的选择。爱情不是错误，家庭也不是挂碍。真正的挂碍是自己那执著而顽固的自心。如果你能看透繁华爱情背后那生灭变化无常，一切都有因缘牵绊的本质，你还会因为得不到所爱之人而伤心伤神吗？

昙花一现，只为韦陀，这故事确实很动人。可我们毕竟不是生活在传说故事之中。我们也表演不出传说中的唯美浪漫。生活本该是轻松自在的，不过一直有个前提，你的心灵也是轻松自在的。用自在之心看爱情难题，想清楚，看明白，自己日夜惦记的人，其实也不过是人生情海中的一朵浪花，倏忽生起又倏忽落下。不要说，所有的痛苦都是别人带给你的，如果你的内心不存在执著，那么谁又能伤得了你？

爱情本没错，只是现今有太多的人简单地把爱情与情欲的满足联系在一起。有人为了得到"爱情"而不择手段，他们丝毫不觉得其实这种对异性的喜爱也是一种幻觉，一种欺骗，特别是那种因对方外在容貌而深深迷恋的感情，更是幻觉中的幻觉。人的容貌再美丽，但一次意外，一场疾病，哪怕是渐渐流逝的岁月，都会带走这种美丽。因为美丽而生出的爱恋，也会随着美丽的消亡而不复存在。这岂不是一种幻觉吗？更可笑的是，多少人为了这种幻觉而欲死欲活，或者不惜伤害他人。

看到这里，有人会说："爱情真是一剂毒药，既然爱情这么可怕，那我还是远离它吧。"而事实上，越是这样想的人，往往越难以抵挡欲念的力量。真挚的爱情很可贵，但如果我们心中装着慈悲众生的大爱，那么就只会给我们带来快乐和成就感，而不会是痛苦，更不会因为所谓的"失恋"而痛苦不堪。

记得以前去某座寺院，一位年轻女子跪倒在大殿前，低声轻诉。她希望菩萨能赐她一段好姻缘，让她的爱情生活幸福快乐。我静静地看着她，在她起身的时候，感觉过去的过去，遥远的某个时代，许许多多的人也是这样，跪倒在佛像前，为自己求一段美满姻缘。所谓姻缘，也是"因缘"，只有内因外缘各种条件都具足了，两个人才会有相遇相识，若是这内因外缘还在继续起着作用，那么便有了后面的故事。

可是，不论我们是为这份姻缘欢喜，还是为它哀伤，既然是一种有为法，那么注定会有消亡的时候。"一切有为法，如梦幻泡影"，即便没有发生意外，两人相守直到白头，可终究也逃不脱死亡。生命终了的时候，两个人还是分开了。

若是说人们不需要爱情，这似乎也不太合理。在这个世界上，绝少有人天生的就向往孤独，哪怕是性情再怎么古怪、孤僻，他也总希望这世界上能有个人懂他、珍惜他。可真正有智慧的人，绝对不会让情欲迷乱了自心，他们会把小爱升华为大爱，这也是佛家经常说的慈悲之心。

在古印度曾经有个修行人，据说他不被世间的财宝、美色所诱惑，因其品格高洁而成了众多追随者的师父。他也以为自己已经摆脱了情欲的控制，但他在一个明媚的春日遇到一位美貌绝伦的女子时，他还是动情了。他后来反省，就说："哎呀，都怪我自己的这双眼！若不是因为眼睛捕捉到了女子，我又怎么会动心呢？真是的，这双眼睛阻碍了我修行的道路。"说着，他就刺瞎了双目。

真正阻碍他修行的是他那颗执著的心，而不能怪罪自己的眼睛。有禅心、有悟性的人，他们在看到大好春光时，既会发出"春光明媚，春花娇美"的赞叹，也会感觉到春去秋来，生命苦短，所以生出要精进修行的决心；他们在看到美丽的妙龄女子时，既会有对青春美的喜爱，但也能觉察到人体肉身不断变化、衰老，美丽的容颜也不会永久留存，因而不会被美色所迷惑，不会为因对异性的迷恋而让心灵饱受煎熬。

真正的爱，它更多的有一种奉献、牺牲的精神在里面。这种感情里，没有"我"这个东西存在，一旦它转化为一种对全体人类的大爱，我们内心深处将不会再有烦恼痛苦，你用大爱看着众生，你会感觉原来众生是如此可爱，而你的这种情感会反作用在自己身上，其结果就是永远安住在喜悦、安宁之中，没有失去爱情的恐惧和焦虑，也不怕有人夺走你喜爱的人，因为你已经没有了控制欲，也不曾把某个异性当做你独自占有的物品。

这样的大爱，应该就存在于我们的心性中，它有个孪生兄弟叫"无我"。

雍和宫：形象奇异的密宗造像

在北京市东城区雍和宫大街，有一座北京市内现存规模最大的藏传佛教寺院。明代时，这里曾是太监的官房，清康熙三十三年则成为四皇子的贝勒府，这位四皇子就是那位频频出现于电视荧屏上和各种穿越故事中的四爷雍正。此后，在雍正三年，这里又成了皇帝的行宫，"雍和宫"应该是在此时命名的。直到乾隆九年，这里才改做喇嘛庙。

红色的宫墙，黄色的琉璃瓦，还有那飘动着的各色旗幡，在空气中弥漫的佛香，再加上这里跪拜叩首的信徒，随意走动的游人，就像一幅画面，迷离而又真实，此生与来世，佛国与人间，就如此交织在一起。

迷离又真实的，不仅仅是寺院里祈福祝祷的人们，似乎我们一颗悬在半空的心，也能在这种氛围里找到依托。是啊，尘世再好，也总免不了有离情别苦，命运再顺，也总会遇到坎坷纠葛。若是我们能使自心安然，那么不管是在佛国还是在人间，无论置身何处都好，只要自心能安住在宁静与喜悦之中，即便身陷尘劳又能怎样？

雍和宫内保存的造像与汉地佛教造像有着极为明显的不同，这里的佛教造像表现形式很多样，不论是佛像，还是本尊、上师、护法神，都雕绘得那么形神兼备，充满雪域艺术特色，给人们一种充满原始粗犷之美的心灵震撼。不论是他们手中各式各样的法器，还是丰富动人的表情，仿佛都能钻透你的灵魂一般。你就在那香雾缭绕的大殿里，与佛国相望着，看似不远，可又无法完全接近。

不论是大威德怖畏金刚，还是六臂勇保护法，他们与汉地常见的那种平和慈悲的佛像都有明显不同。这些金刚护法面貌之狰狞，让人望而生畏，但是在敬畏之后，却生起了对佛法的恭敬，由此内观自己的心念，生怕有那么一点点的不敬而给自己招来生死大祸。

在雍和宫，人们还经常能见到一些双身拥抱造像，有人称之为"欢喜佛"，其实造像呈裸体状并不是要表现色情，而是要宣说清净、无染杂。人之出生，本就是赤条条而来，想来修行也该用一颗明空赤露之心，去探寻佛门的终极奥义。

若你来到东配殿的牺牲坛上，会发现供奉着几尊造型奇特的佛像，分别是吉祥天母护法金刚、永佑金刚、大威德金刚、地藏王金刚以及财宝金刚。很显然，这些造像雕刻精美，造型复杂，或是身挂骷髅作为装饰，或是腰披兽皮，以显威猛。他们头戴佛冠，身挂璎珞，主臂拥抱怀中明妃，从身旁生出的其余手臂则持有不同的法器。真是让人看得眼花缭乱，待要仔细观察这些造像的细节处，却又难以抵挡他们威严的目光。

双身造像为一男一女，那相拥之状也并无色情之感，男性象征金刚本尊的无畏气概和威猛力量可以挣脱世间一切束缚和障碍，尤其是心中魔障，而后自内心生发出无比的喜悦与光明，这正是智慧的力量；而女性则代表着方便与禅定，两者相拥其实无非是要说明在修行中智慧与慈悲要合一，同时也象征着禅定与智慧的合一，表达着一种悲智双运、定慧双修的理念。

雍和宫中藏有一尊十分珍贵的佛像，那便是法轮殿宗喀巴大师像前所供奉的释迦牟尼佛。这尊造像为铜质鎏金，头顶发髻如螺，两弯细眉似月，面容安详而端严，衣上的纹路呈水波状，让人见后生起无上的清净和安宁。

乾隆年间，西藏的颇罗鼐王将此佛像命人专程进献给乾隆帝，那应该是在1745年的农历九月，这尊佛像被供奉于雍和宫。虽然没有时间去翻阅史料，但我们不难想见，当时的场面该是如何庄严而神圣。

转过来，我们走进雍和宫的天王殿。那里面也有一位大肚子弥勒佛，只不过，他是很安然地端坐在须弥座上的罗汉床上，而不是像汉地寺院天王殿里的弥勒佛那般，直接盘坐在须弥座上。他眉头大大地舒展着，一张笑口显得很是夸张，可也正因其夸张的大笑，才让人们在看到之后全然地放下了心头重负，感觉到生活原本就应该是快乐轻松的，慈悲为怀，宽容做人，这不是很明白的道理吗？

雍和宫大殿内，竖三世佛肃然沉寂着，中间的那位是现世佛释迦牟尼，西侧是过去世的燃灯古佛，右侧便是未来世弥勒佛。这三尊佛像有着满月般的面庞，细长的眼睛透露出无限的宁静，如夜色一样，让人看过一眼之后便可从一种混乱、烦躁的状态中解脱出来。那嘴角的微笑，分明在宣示着自心灵性的美妙，只看你自己能否领悟到。

三世佛所结的手印各不相同，立在中间的释迦牟尼佛右手指尖向下，这便是降魔印；燃灯古佛则摆一转法轮印，因为佛首次对大众说法称做"初转法轮";而弥勒佛则做出"说法印"。

在雍和宫的配殿里多供奉有密宗佛像，他们的形象变化十分丰富而且造型异常复杂，大部分佛像为"忿怒相"，比如之前提到过的东配殿中那位大威德怖畏金刚，就呈现出愤怒、可怖的面容。而在其右侧的六臂勇保护法（也就是六臂大黑天）居于藏传佛教密宗护法神的首位，民间还把他视为战神和福德神，他一张可怖的面孔，六个手臂，头上戴着骷髅冠，双脚踏在一头仰卧的白象之上。这种造像有着十分深刻的寓意：那六只手臂象征佛教修法中的"六解脱"，手中所持的法器能帮助众生断除烦恼欲念、增福德智慧、去除邪恶。尽管六臂勇保护法圆目怒瞪，相貌狰狞无比，但却能庇护众生，使大众于困苦烦恼之中得到解脱，帮助众生圆满实现心中善愿，因此这位护法神颇为深入人心，成为人们虔诚供奉的对象。

拜过了面孔可怖的护法神，我们再来拜一拜东配殿北端所供奉的吉祥天母，这是一位女性护法神。虽然她有如同六臂勇保护法那般的可怖忿怒相，但也有平和喜悦相。不过在雍和宫东配殿里所供奉的吉祥天母身现忿怒相，她身为蓝色，长有三目，怒目圆睁，脸上呈现出愤怒的样子，嘴里衔着药叉，红色的头发向上高高竖起。她坐着一头黄色骡子，左手持碗，内有血浆，右手向上举起，拿着一根人头骨棒。在骡子的鞍前有一账簿，这是吉祥天母用来记录人间善恶用的。在鞍后还挂着一只荷包，这荷包里面有瘟疫病毒，主要象征的是各种病痛灾难。虽然这尊吉祥天母看起来一副凶恶的样子，但她却能降伏恶魔，消除灾难，给善良的人们带来吉祥幸福。

呈平和喜悦相的吉祥天母肤色洁白，表情温和而慈祥，头上梳着高高的发髻并且用各色鲜花装点。虽然她也长有三只眼睛，但那目光平静安详，和善的目光落在哪里，哪里就会生出吉祥。端坐在莲台上的吉祥天母右手拿着白色羽毛箭，左手所持的碗中装满了各种珠宝。

　　传说中的吉祥天母本来是婆罗门教湿婆大神的女儿。当释迦牟尼佛在菩提树下进入禅定时，有很多外道邪魔前来扰乱，吉祥天母也在其中，不过那时她的名字叫做"玛哈嘎哩"。佛陀用法力降伏了外道邪魔，也使玛哈嘎哩得到教化。从此之后，她发誓守护佛陀的教法，成为佛教的一名护法神。凡是多行恶道、破坏佛法的人，都将受到她的惩罚。在藏传佛教寺院中均能见到这位吉祥天母的塑像，而以吉祥天母为题材的唐卡、壁画，历来受到人们的崇奉。

　　或许，你在这里无缘得见这位秀丽和善的吉祥天母，不过雍和宫内的木雕三绝也十分值得一观。在铜质鎏金的宗喀巴大师塑像背后便是雍和宫木雕三绝之一——五百罗汉山。这整个山体使用紫檀木精心雕镂而成，山体上还用金、银、铜、铁、锡铸成五百罗汉。这些罗汉或坐、或卧、或在思索佛法、或在安然休息，或是做大笑状，或是做醉酒状，其形象逼真、姿态多变。若你有机会能够走得近些，还能看到山体上雕刻出的松柏翠枝、寂静深谷，还有宝塔古亭，连最细微处都雕刻得精美无比。只不过很遗憾的是，在历经战乱之后，这山体上的罗汉就只剩下499位了。有人说"走掉"的那一位乃是去度化世间众人了，因为走得地方太多，看到的苦难众生太多，所以干脆就不回来，留在人间弘法度生。

雍和宫木雕三绝中的第二绝是一尊檀木大佛像。据说这根檀木可是用大批珠宝从尼泊尔换来的，乾隆年间由工匠雕镂成巨型佛像。在把这尊大佛安置好之后才又修建了万福阁，因此就流传下了"先有佛像，后立宫殿"的说法。这尊巨型佛像为一弥勒佛造型。与其他寺院的弥勒佛有所不同的是，这尊弥勒佛像头上戴有宝冠，颈部悬有佛珠，手臂上有一条黄铜制成的哈达，在腰间还挂着串珠的花篮。据说佛像的高度有26米，有8米还埋在地下，称得上是中国最大的独木雕像。

下面再说一下雍和宫木雕第三绝，就是一座金丝楠木佛龛。也许你会说，佛龛啊，谁没见过啊。不过这里要说的佛龛可不一般。这座佛龛放置在万福阁东厢的照佛楼内，这楼是乾隆帝为母亲供奉旃檀佛而建的。楠木佛龛从地面一直到楼顶部，由两根闪耀着金色光芒的蟠龙柱子支撑，横梁上是金皮贴木，上面雕刻着许多龙形，中间的是双龙戏珠。这蟠龙柱和横梁上一共有大大小小的金龙99条。

在佛像背后，是一座火焰背景的围屏，也是用楠木雕刻而成，精美无比，世所难见。凡是看到这尊楠木佛龛的人，无不因其所展现出的庄严佛境而身心倾倒，几欲往生净土，以求脱下心上沉重的枷锁，让自己从身体到心灵都换个清净模样。

作为融合汉、藏、满、蒙建筑特色于一身的藏传佛教寺院，雍和宫不仅珍藏着众多有着上乘艺术价值的佛教文物，而且还是现代人净化身心、放松压力的好去处。谁说要获得心灵的清净平和，就一定得去深山古林才好？即便是在闹市，即便周遭有车水马龙围绕，只要你能一步一步稳稳地从山门走到寺院，然后再一步一步地走遍整个寺院，只要你愿意在这种闹市的行旅中觉悟自心，那么，山门外的环境再怎么喧闹沸腾，与我们这寻归心灵的旅程又有何关系呢？

第五章

一步一如来，处处藏玄机

很多时候，人们走进寺院，往往会惊叹于大雄宝殿内富丽大气的佛像，或者对寺院内的古树花木深有感触，要么就是对大殿的建筑艺术赞不绝口，但是寺庙内的偏殿，却很少进入人们的关注视野。作为寺院的一个组成部分，偏殿也用它独有的形式起着表法的作用，不过只是看你有心无心罢了。偏殿中隐藏的玄机，永远留给有心觉悟的人去探索。

法源寺·祇园

上报四重恩，下济三途苦

其实，寺院就是一个整体，虽然在功用上有正殿、偏殿之分，但在表法上，却没有高低分别。禅宗有言"众生平等，心佛无二"，那么可知，任何一尊佛像，任何一座殿宇，都有它存在的意义。不同的造像，不同的殿宇，都在用各自的形式向众生宣说佛法，引领众生卸下心头的沉重而返还自心的清净明澈。

因此，虽然被称做"偏殿"，但人心不可偏，偏殿更不可轻视，更何况寺院偏殿通常是观音殿和地藏殿。这两位大菩萨与我们这个世间有着极大的因缘，一位是以大慈大悲、广行方便而赢得人们的信奉，一位是因其舍身入地府、行大孝之事、度无边众生而受到十方诸佛的称赞。

有些寺院的偏殿是伽蓝殿、祖师殿。伽蓝殿里供奉着佛教的护法神，中间是印度国王波斯匿王，一左一右分别是祇园太子和给孤独长者。这三位，在佛陀住世时作为佛法的拥护者，对于佛法的开展、僧团的建设都提供过极大的帮助，因此，这伽蓝殿里理应有他们的位置。当然，伽蓝殿里的护法神并不仅仅是这几位，下面将会有更为详细的介绍。

在有的伽蓝殿里，供奉的并不是波斯匿王，而是身穿战甲的关公大老爷,他被称为"武财神"。通常来说,在他左右两边还会各有一位猛将侍立。至于三国时期的猛将为何会出现在以清净淡泊著称的佛教寺院里,这其中自然有一段因缘。或许你觉得关公大老爷那威武的气势与寺院里庄严宁静的风格不是很搭调,可他履行的职责与哼哈二将、四大天王并无太大差别,都是保护佛法、守护伽蓝罢了。

常来寺院的朋友都知道,伽蓝殿里所供奉的通常是伽蓝土地的守护神。作为拥护佛法的善神,伽蓝菩萨通常身着一袭圆领长袍,袍子宽大,呈深绿色,胸前罩甲,威风中又透出华贵,让人看后便对寺院净土生起敬畏心,无论之前自己的心有多么散漫,此时也断不敢放肆,甚至都不敢大声言语。

根据佛经记载,保护寺院道场的共有十八位守护神,这些善神于过去久远劫来发大愿心,愿以神力守护庙宇和佛法,使其流传世间,令众生度化,使佛法不被邪魔外道所破坏。自唐宋以来,禅宗寺院就已经开始供奉伽蓝神,但是我们也发现,很多寺院的伽蓝殿中所供奉的并非是什么比丘或大士,而是三国故事中的红脸关公。

也许你会奇怪,为何佛教寺院里要供奉一个历史人物呢?他难道也是佛弟子吗?

关公成为伽蓝护法,是在唐朝之后了。民间流传过这样一个故事:天台宗的智者大师来到荆州,打算在玉泉山上建一座精舍。这一天,他正在闭目打坐,突然天地变色,一时之间阴沉昏暗,狂风怒号,淫雨不止,智者大师身边还出现了许多妖魔鬼怪。他们狞笑着,恐吓着,似乎想尽办法要把智者大师赶走。这时候,关帝现身，只见他带领着手下一干妖魔眷属，变化万端，那景象十分吓人。

不过智者大师并没有因此而胆怯，他斥责这些妖魔，并对他们宣说佛家六道轮回的道理，告诉他们，如果再不精进修行，就会永远留在鬼道，永远不能解脱。我们不难想出，一位瘦弱的僧人面对张狂恐怖的妖魔时还能如此淡然自若，必然是有一颗充满定力的心，同时又圆具着对万物的慈悲。

在听了智者大师的这番话之后，那些妖魔纷纷败退，关羽更是诚心拜服在智者大师座下。登时，风雨骤停，碧空似洗。关羽向智者大师请求闻听教法，并希望能成为佛门弟子，得到度化，成为佛教护法。这之后，关帝就与韦陀菩萨一起守护着佛门道场。

现在，我们依然能在寺院里听到每日早晚课念诵《伽蓝赞》："伽蓝主者，合寺威灵，钦承佛敕共输诚；拥护法王城，为翰为屏，梵刹永安宁。"毕竟，这位伽蓝菩萨护法护教的功德，实在值得人们去感恩、去铭记。

佛家常教导世人，"上报四重恩，下济三途苦"，培植出世人的感恩之心，这是做人的根本，也是安心生活的根本。在很多地方，有一个重要的节日叫"浴佛节"。这便是要我们记住佛陀对众生的恩，佛家的修行实践以知恩为开始，以报恩为终点。

微小如虫蚁，也总有值得我们感恩的地方，更何况那些整日与我们相处的人呢。

在这个世界上，也总有一些人，我们终其一生不能与之得见一面，但他们对我们的生活却起着十分重要的作用，这些人自然也在我们感恩的名单之中。

事实上，世间的任何一个生命，任何一个存在，都对我们的生活有着影响，且影响有正有负。或许我们无法随心改变，但如果我们始终是报以感恩的姿态，那么终究也将得到一种充满温暖与善意的力量。

我想，伽蓝殿的菩萨们想告诉我们的正是这样一个道理。

比黄金珠宝更可贵的东西

大家已经知道，祇园本是给孤独长者（须达多）布施给佛陀的一座精舍，可关于给孤独长者得遇佛陀以及皈依佛陀的传奇故事，或许就没那么多人清楚了。

据说，佛陀曾一度在王舍城的寒林中带领弟子们修行，那时候，须达多因外出办事而住在王舍城某位善心长者家中。晚饭后，须达多看到善心长者指派家中仆人忙里忙外，好一番张罗，他很是奇怪，就问善心长者："您这是要做什么啊？莫非是有什么贵客前来？"

这位善心长者说道："你不知道吧？佛陀将要带领众位比丘们进城。我要把屋子收拾一下，以迎接他们的到来。"

须达多在第一次听到"佛陀"的名字之后，感觉内心十分欢喜，就连身体上因为连日忙碌而产生的疲倦也消失干净了。他很想知道这位人人称赞的佛陀究竟是何许人也，他与那些苦修的婆罗门有何区别？为什么大家要这样忙碌、尽心尽力地来迎接他呢？

怀着对佛陀的无限爱戴——这爱戴中还有许多好奇的成分，须达多沉沉地睡去了。在梦中，他仿佛来到了一个充满光明的地方。那里温暖宜人，处处都是一派妙景，与世间的各种园林景色完全不同。不知过了多久，须达多感觉天已放亮，就走出房间，一直向着佛陀所在的寒林走去。可巧，佛陀走出房舍。就这样，须达多与佛陀相遇了。

须达多向佛陀问候着："世间最尊贵的人啊！您休息得可还好？"

佛陀微笑着回答："净居于涅槃，因此常安乐，爱欲不染着，解脱无束缚。善良的长者，若您也能调伏心中的怒火和嗔恨，放下贪求和执著，那么你的内心也一样会得到寂静的止息。"

须达多第一次听到如此精妙的道理，也正是从这个时候开始，他归附在佛陀脚下，接受了佛陀的教法。这之后，须达多带着自己的家人开始了在家修行的居士生活，须达多的心灵旅程也就此拉开序幕。

当然，关于须达多（给孤独长者）的故事还有很多，包括佛陀教化了他那位专好打扮却娇纵过度的儿媳玉耶女以及那个爱财如命、贪心无度的儿子。

给孤独长者和他的妻子一心奉行佛法，广做布施，可他们的儿子却憎恶佛陀和出家僧侣。每次佛陀带着众位比丘弟子来到给孤独长者的家中，长者的儿子总是避而不见，要么就是跑出去吃吃喝喝。给孤独长者心里很是焦急，"哎呀，我的这个儿子啊，真不知道他以后会是个什么德行！"这是他经常对人们说起的一句话。

这一天，给孤独长者给了他儿子一百金币："你去竹林精舍，我要你守一天的戒。如果你做到了，这一百枚金币就归你。"长者的儿子喜不自禁，乐乐呵呵地就去了。可是，他在精舍里，根本听不进去佛陀给大家所说的佛法，他只是为了得到那一百金币。

过了几天，给孤独长者拿出一个口袋，那里面是一千金币，对儿子说："如果你能背诵出佛陀说过的一首偈语，这些金币就全归你。"给孤独长者的儿子再度来到精舍，佛陀微笑着对他讲说佛法，可大家都知道，这人只是为了要得到父亲的金币，根本不是要开悟智慧。给孤独长者的儿子本来很聪明，人们说过的话他从来不会忘记，可那天也真奇怪，佛陀讲过的话，他竟然一句也记不住。

为了能把佛陀说过的偈语牢牢记下，长者的儿子只得反复默念着佛陀说过的那几句话。在这过程中，这年轻人似乎对佛法产生了一些兴趣。他又反复默诵佛陀的偈语，竟多少地对佛教精义有了些许了解，而他也因此而证悟到初果。

次日清晨，长者的儿子乖乖地跟随佛陀出门化缘，他心想："希望走到自己家门时，父亲不要当着佛陀和其他比丘的面把金币给我，我可不是为了这个才愿意听闻佛法的。"

给孤独长者在供养了佛陀和众位比丘后，便遵守先前的诺言，把装着金币的口袋递到他儿子手里。可出乎长者意料的是，他的儿子并没有接受这袋金币。

佛陀告诉给孤独长者，他的儿子已经脱胎换骨，从内到外都焕然一新。因为他对自心灵性的关注、对众生的慈悲令其成为尊贵的人，将来也必定是个得悟智慧的人。

原来在这个世界上还有比黄金珠宝更可贵的东西，你可以说那是灵心智慧，也可以说是一颗坚定的求道之心，一种敢于承认错误的勇气，一种对智慧人生的渴求。

不过，须达多的某个贪得无厌的侄子就没有这样幸运了。

须达多长者的一个侄子继承了父亲留下的千万遗产。若他能老老实实地生活，那么他也不会下场如此凄惨。这个年轻人挥霍无度，专事吃喝玩乐，从来不想如何经营生活，更不要说过清苦的修行生活了。他对路边的乞丐看都不看一眼，每次有人向他乞讨食物，他都冷冷地走过，从来不肯施舍一粒米、一分钱。

很快地，他花尽了父母留下的所有财产，在这之后他就开始厚着脸皮找到须达多，请他这个富有又善良的叔父帮忙。须达多尽管生气，但还是给了他侄子一笔钱，并告诉他如何做生意，如何经营买卖。可是还不到一个月，须达多的侄子就把这笔钱挥霍一空。当他再次厚着脸皮来到须达多面前时，须达多命人拿来更多的钱财。长者再没有对他说起什么教导的话，只是与这个贪婪的侄子断绝了关系，他希望能用这样的行动戳痛他侄子那贪婪无耻的心，然后浪子回头。如果他的侄子真能猛然警醒，从此好好做人，那么须达多长者还是很欢迎他上门做客的。

此后，须达多的侄子还是频频来到他叔叔这里。若他只是想乞讨一些吃喝食物，那么须达多还是愿意满足他的愿望的。可这个年轻人一开口就是要金币，以至于须达多都不愿意再见到自己侄子那张贪婪又懒惰的面孔了。

在一个大雨滂沱的黄昏，人们找到了须达多的那个侄子。他的尸体已经僵硬，很显然他已经死去多时了。须达多很是痛心，他把这件事告诉了佛陀，因为他对现在的这种结局感到很是自责。"我不应该把他赶出家门。"须达多对人们说。

佛陀慈悲地开示须达多，同时他也告诉大家，被贪婪欲望灼烧的众生又岂止是须达多长者的侄儿那一个，睁眼看看这个世界上的众生，很少有人能够做到知足少欲。当他们的贪婪被外界的刺激撕开一个大口子时，他们对物质财富和感官欲望的追求就从来不曾止息过。即便他们明明知道刀尖上有蜂蜜，在舔食蜂蜜时会被锋利的刀刃划伤舌头，他们还是会乱哄哄地一拥而上。这何尝不是人性的一种悲哀！

须达多听后更加坚定了求道修行的决心。他的妻子富楼那伽那自从聆听过佛陀的言教后就深信不疑，她用一颗慈善之心照顾来到她家中乞食的出家人。须达多的两个女儿如同她们的父母一样，清净自己的身心，善待身边的每一个人。同时她们并没有放下肩上的世俗任务，不论是持家还是理财，都做得很出色。当然，她们的婚姻生活也十分幸福。

在自己的儿子皈依佛门，成为僧团的守卫者之后，按理说须达多长者的生活应该更舒心了。可他最小的那个女儿，也是家中最有智慧的孩子，却过早地去世了。这不能不说是一件让人伤心的事情。

须达多这个最小的女儿虽然很有智慧，但她总是喜欢依赖外境来增强自己的快乐感受。她会觉得外界的一切都影响着自己内心的安宁——事实上，她正好本末倒置了。内心的力量能够影响外境，也能扭转那些叫人不喜欢的境遇。这样一个有智慧的人，却总是把自己的快乐与否建立在外境是否合自己的心意上。所以，当她看见两个姐姐的婚姻是如此幸福，而自己却迟迟遇不到真正心爱的男子时，她就开始抑郁、悲伤，她开始不习惯与孤独寂寞相处。尽管之前的她那么聪慧，佛陀所讲的道理一听便能明白。

渐渐地，须达多的这个小女儿开始不思饮食，日渐消瘦，最后竟然在绝食中一命呜呼。须达多全家人都伤心不已，他向佛陀求教，为何这么一个善良聪慧的女孩子会早早地离世。佛陀告诉他，即便再聪慧的人，如果不能克服一种"依赖"的习气，那么他的生活依然不会幸福，他的人生也不能达到真正的自由状态。

须达多的小女儿，正是死于自己制造出来的一种与"欲望"和"依赖"有关的障碍。

其实不止是须达多那聪慧的小女儿会被自设的障碍吞噬掉性命，多少现代人也是在追逐欲望、寻找依靠的过程中渐渐地把容易变化的世界看做一成不变，认为是一种"实实在在的存在"。因而把自己的全副身心都寄托在外境之中。我们忘记了，或者说压根就没有意识到，把容易变化的事物作为自己的心灵依靠，还说这样能给自己带来安全感，显而易见，这个事情根本就不靠谱儿。但是，还有那么多人口口声声地说："我的钱太少了，我没安全感"，"我的伴侣不听我的话，我掌控不了对方，所以我没有安全感"。妄图事事都要掌控，最终的结果便是自己一无所有——爱情、财富，我们都带不走，但是我们却要为了它们整日里烦恼不堪。你有权利追求爱情，也有权利创造财富。但是，如果你真的感觉到这些东西带给你的不是幸福而是焦虑，不是快乐而是痛苦，那么你为何不想想，是不是因为自己对它们太过执著了，是不是因为自己的掌控欲念，或者说一种称做"我执"的感受太过强烈了呢？

过于依赖——不管是依赖某个人，还是依赖某个外境、某一件事物，这本身也是一种需要净化的习气。当我们把内心的欲望投射到外境上时，我们就会对外境产生过多的执著，我们一定不

要把自己内心的渴望和希求强加给外境。外境如何，都有它原本的面目，而我们的内心所能依靠的应该是一种更为坚实的力量。

佛陀告诉我们，这种力量来源于我们自身，而所谓修行，正是要寻找这种力量，在找到之后又不断增强它的一个过程。这样的力量，有人称之为"出世间的智慧"，有人称之为"般若"，不管名相如何，都不能过于执著。这种力量无非是对世间真理的准确掌握，然后还能娴熟地运用在世间的生活之中，而不是口中空谈而心不能清净、圆满、自如。

须达多的小女儿若能明白这些，她必定会像她的那两位姐姐一样生活得坦然而幸福，而绝对不是因为苦等不到爱情而早早地逝去。

守护好一颗真心

在佛教经典中，曾介绍过有十八位伽蓝保护神，即美音、梵音、天鼓、巧妙、叹美、广妙、雷音、师子音、妙美、梵响、人音、佛奴、叹德、广目、妙眼、彻听、彻视、遍观，这十八位善神合称为"十八伽蓝神"，具体经文我们可以在《七佛八菩萨大陀罗尼神咒经》中找到。这些善神的职责是什么，至今我也没搞清楚，我只知道，这些神灵不仅保护着伽蓝道场，而且还护佑着善心人。于是，我便对他们更多了一份亲近的感觉，乃至一种敬佩感。

在进入山门后，也许你因为走了很多路，实在是太过疲累而无心考证这些善神各自的职责到底是什么，而我们现在所见到的这些伽蓝保护神也仅仅是在后世的绘画、雕刻中，但不可否认的是，任何一种世间善法，都会因其义理的精深而博得众生的欢喜和恭敬。连诸天善神都能被佛法感化而皈依佛门，以自身的神通力护持佛法，那么世间的人们呢？他们是否也像故事中的善神那样，信奉佛法，如理而行呢？

世人接近佛法，总是有着不同的因缘。有人是因为难以面对人世间的种种变幻而遁入佛门之中，希图给自己一个心灵安慰；有人则是因为沉迷在佛法博大精深的哲理之中，希望在有生之年能够对人生做一番思考、对佛学义理有所领悟；还有人呢，是受够了生活中的各种磨难，每每想到自己的命运为何如此诸多波折时，总觉苦不堪言，便由衷地发出"人生皆是苦"的喟叹，并因此而隐匿于佛门，只愿在佛陀的慈柔目光中寻找一丝安宁，让自己摆脱世间的各种苦难。

不论是哪种因缘，其实都不能算错。人们希望得到一个永久的庇护，这难道有错吗？人们希望避开外世的嘈杂，让内心趋于安宁，这难道有错吗？你可能会因为"害怕"而接近佛法，或者因为"有所求"而来到寺院。而对于修行者来说，他们更渴望在佛法中寻得一种智慧。这种智慧可以让我们的人生焕然一新，从此我们变得坚不可摧。因为我们心中的智慧足够让我们看透世界的表象，从一种毫无觉察的幻境中走出来。

正如同伽蓝神保护着清净道场一样，我们也要保护好自己纯净的心。守护好自己纯明的心，守护好每一个善念，破除每一个恶念、邪念。在人生的修行路上，这些还只是很初步的练习。当我们想要降伏外在的敌人、对手时，倒不如先降伏自己的心；当我们希望外部环境安宁、圆满时，倒是真应该先让自己的心圆满、安宁，充盈起丰富喜悦的感觉。

有时候我在想，其实人生的道路又岂止是千万条，每一条路上都会有不同的景色。也许你会领略到冰冻严寒，也许你会感受到春光明媚。可不管是哪条道路，我们在欣赏风景时也要留意脚下的崎岖和不平，不要让这崎岖和不平消磨了我们对人生美好前景的期盼。所以，护持好我们的心，守护好我们的善念，这是何其重要啊！只有这样做，我们在面对人生道路上的崎岖与泥泞时，才不会满腹牢骚、怨天尤人，甚至做出让我们自己后悔终生的事情来。更何况，我们只有护好自己的心，才值得那些善神们守护好我们。这个道理与"只有一个人爱自己、善待自己，才能得到他人的爱与善待"很是相似。

这个世界上的万事万相原本以它们本然的样子呈现在我们面前，慈悲人看到的是祥和，淡泊者看到的是清净，好争者看到的是急功近利，残暴者看到的是杀伐征战。有什么样的心，就会看到怎样的世界；有什么样的心，就会决定自己未来的人生之路应该如何走下去。到了人生的紧急关头，我们自然也可以祈请有一种什么力量来保护我们，可是，如果我们自己心中没有善念，如果我们自己不能守护好一颗真心，那么又该去哪里得到安宁呢？

保国寺：大殿内的奇谜说不尽

　　保国寺位于宁波市江北区的灵山半山腰上，寺院就在每日的云雾中半露半显，仿佛是一淑女名媛想要探出头望一下自己园外的风光，却又担心自己的姿容被无心的人看去。所以，除非是行到寺门口，不然真是很难见到寺院的半点影踪。

　　当你沿着山路，一路小心地走着，在云雾没有散去之前终于来到保国寺的山门前，你会庆幸自己没有因为懒惰而错过这样一处庄严净土。

　　保国寺有着悠久的历史。相传还是在东汉光武帝时，有位名叫张意的骠骑将军，他与独子张齐芳隐居在此地。佛教传入中土后，他们父子二人舍了房宅，修建起寺庙。因为是在灵山山腰，所以这座寺院最初是叫"灵山寺"的，之后又改作"保国寺"。

　　保国寺远近闻名的原因并不完全在其年代久远，建筑颇具特色，保国寺大殿内更有各种谜团，使得这座千年古寺更多了几分神秘感。

　　据说，保国寺大殿内蠹虫不入，飞鸟不栖，蛛不结网，梁不积尘。千百年来，人们都在探索其中的原因，可千百年过去了，这谜团非但没有解开，反而因为众说纷纭的解读，更让人费起心思来了。

　　有人说，这大殿内的主要建材是黄桧木，这种木材多生长于我国台湾及东南亚一带，它独有一种芳香气味，使得昆虫鸟类都不喜欢，更不愿接近，所以啊，那蠹虫和飞鸟都避开大殿，就连蜘蛛都不想在殿内结网。可是，我们不禁要问，这种独特的气味能保存千年都不挥散吗？

更有人提出这样一种说法：大殿内的佛菩萨显灵，以至于这些飞鸟蠹虫都不敢过来。可是，佛家慈悲为怀，连一只小小蝼蚁都要爱惜，又怎么会狠下心来驱逐那些鸟虫呢？可见，这种说法也站不住脚。只不过，这"显灵"之事倒颇能引来人们的关注，也更合乎人们的口味。于是，一代代地传下去，竟把保国寺内供奉的佛菩萨说得神乎其神，这就吸引了众多善男信女前来朝拜。

每一天，寺院内都是香火鼎盛；每一个到这里来的人，都满怀着希望，希望自己的心愿能在佛菩萨的加持下早日实现。多少年过去了，人们当初许下的心愿是否真的得以实现，这就不得而知了。不过，能在这样一个清静灵秀的地方走上一走、拜上一拜，将心头积压的烦恼统统抛开，也是很不错的感觉——当然，这是对那种无所贪求的人来说。

让我们想一想，当自己怀着一颗极其虔诚的心来到大殿，面对着那些端严神圣的佛像的时候，你可曾想到，其实佛菩萨并不是在说："你希望拥有什么？都告诉我吧，我会帮你实现愿望的。"这不是阿拉丁神灯，也绝不会跳出一个灯神对你说："你的一切愿望，我都能帮你实现。"佛菩萨真正想对我们说的是：有求皆是苦，既然求也未必能得到，何必一定要执著于自己的那么一点贪求，而不去轻松地经营自己的生活呢？

如果你能听到佛菩萨对你说的这句话，或者，类似的这样的内容，也许你又会问："哎呀，我该如何经营啊？佛祖，我对自己的前途很是担忧啊，我的人生一片渺茫啊，求您慈悲帮帮我吧。"

可是，说不定佛菩萨也如你一样在纳闷儿，你自己的人生你都不甚明了，你还能指望别人来帮你吗？佛家本就有言，"命自我立"，每一个人的命运其实就掌握在自己手中。没错，佛菩萨是人间导师，他们用无比的慈悲心度化众生，可众生到底也要自证自悟，通过修行来化解那心头无数的烦恼，迎来一个崭新的人生，这样才好啊！所以我说，不要把佛菩萨的慈悲爱护当成自己"懒汉思想"的借口。天助自助者，这个道理放在哪里都行得通。从山门一路行来，靠的是我们自己的那双脚，从昏昧无明到光明智慧，靠的是我们用心去修行。佛菩萨会指点我们如何觉悟智慧，可不能代替我们去做。在禅宗中更是讲求"一念顿开"，这个心念可没人代替你顿开。

佛陀把修行之道指给了众生，至于如何走，那就要众生自己去亲身实践一下了。在修行的道路上，没人可以替代我们；在决定人生方向的问题上，也是如此。

你走进大殿，跪下身来，一叩一拜，若心中只是想着要礼敬这位人间导师，那至少你还收获了无比的庄严。可若你心中全是谋算、全是欲望，你的跪拜无非是想换取佛菩萨的垂怜，用你所谓的"信仰"作为满足你欲望的交换，那么，注定你会失望。倒不是说佛菩萨会远离你，其实他们从来不曾远离任何一个众生。而是你自己已经找不回自己的本来模样，你离那个清净无比的自己已经越来越远。待贪求欲望包裹住你本心的灵光，你将会越活越累。

"淡泊资禅味，清凉养道心"，保国寺大殿内的佛像在历经人世变幻之后告诉我们一个道理，那便是淡泊的人生不一定非要无所欲望，无所追求，无所担当，只要你能把握好那个限度，再加上一颗勤于修行的道心，那么你的负累注定要比别人减轻很多。心头的累，焉知不是素日里贪欲过重？一旦你明白，凡事只要尽力而为就好，不必争强好胜，更无需机关算尽，那么你的人生方向就已经可以把握在自己手中了。

第六章

安禅不必须山水，灭却心头火自凉

在这里，今世今生与过去、未来相互交错，净土佛国与凡尘世间相互连接。这里是大雄宝殿，是一座寺院的核心建筑，也是众多信士最为重视的一个地方。在这明耀跳跃的烛火中，在这飘逸着清香的鲜花中，有人来寻求安宁，有人来感悟智慧。不论是跪倒也好，起身也罢，每一个动作，每一个姿势，都充满了一种敬意。哪怕你就真的是为了世俗之事来到此处，你也终将收获满心的清净圆满。

整个世间的变迁在这里都已经停滞了。这里只有慈悲、喜悦、善心，这里充满了"安禅不必须山水，灭得心中火自凉"的韵意。多少人于此处找到了人生之旅的意义，多少人在这里觅得了圆满生活的真谛。对于我来说，我则在这里寻找那个最本真的自己，最自由、最快乐、最洒脱的自己。

佛
陀

成就别人，圆满自心

作为寺院中的正殿与核心建筑，大雄宝殿中供奉着本师释迦牟尼佛。这里是僧人们朝暮修学佛法的地方。每天清晨，"当当当"的钟声响起，僧人们穿戴整齐，来到大殿里。也许外面的天色才刚蒙蒙亮，也许这正是一年中最冷最冻人的时候，也许大殿外面细雨纷纷，勾起人们思乡的情怀。可是，这些都被挡在了大殿之外。诵经声中，什么对家乡的思恋、对酷暑严寒的畏惧，都化为乌有。

在大殿里面，只有庄严和清净，还有一颗颗虔诚的心，一颗颗怀着天下众生的心。悠长的诵经声响起，一字一句，其中所包含的情感很难言说，但是，每一个字音里都释放着无限的力量，这种力量可以穿越时间与空间，泯没沉痛和欢喜。

记得在黄梅四祖寺，那天我起得正早，便立在大殿外听师父们在殿里诵经。洪亮的声音穿透了厚重的大门，那声音一直落在我的心上，久久不散——是的，我也着相了，我对于这诵经声生起了一种执著。但我喜欢这诵经声，因为它能让我的心灵顿时充满喜悦与安然。

大殿里，哪怕是普普通通的供桌或摆设，你都会感觉它们庄严无比，似乎有了灵魂与生命，它们和着僧人们诵经的节奏，跳动着，舞动着，以一种与昨日不同的全新姿态告诉世人：来到这里吧，给自己的心灵安个家！

在大雄宝殿里，细心的人可以注意到释迦牟尼佛像主要有三种姿势，这三种姿势，其实也各有说法呢，当然，这些是我后来才知道的学问。

第一种，结跏趺坐，左手横置左足之上，这种手印名为"定印"，表示一种禅定状态；右手伸直下垂，这叫做"触地印"，表示释迦牟尼佛在成道之前、过去的生生世世为众生而牺牲了自己的一切。这些牺牲，唯有大地能作证明。这种姿态的造像，便是"成道相"。

为了众生的平安喜乐而牺牲自己的，其实在这个世间有许多。他们不是要做给谁看，也不是要让历史存留下自己的什么功劳。很可能他们是在一些特定的时刻，慈悲心被唤醒、被触发，自己用慈悲成就了别人，同时圆满了自心、成就了自我。

所有这一切，唯有大地默默知晓，因为这些都是在坚厚的大地上所做的事。

第二种，依然是结跏趺坐，左手横置左足上，右手屈指做环形状，这种手印名为"说法印"。显然，这种姿态的造像便是"说法相"，表示佛陀说法时的姿势。

第三种，佛陀取站姿，左手下垂，右手屈臂上伸，这是"旃檀佛像"。据说是佛陀住世时，印度优填王用旃檀木按照佛陀的容貌身形所做。左手下垂的姿势名为"与愿印"，表示能满足众生的愿望；右手上伸名为"施无畏印"，表示能除众生一切疾苦。

在一些寺院的大雄宝殿里，我们可以在释迦牟尼佛的左右两边看到各有一位比丘，一年老，一年轻，他们同是佛陀的弟子。年老的那位是迦叶尊者，较年轻的那位是阿难尊者。佛陀涅槃之后，迦叶尊者继续带领比丘参悟佛法。

有些寺院的大雄宝殿中供奉的并不是一尊佛，而是三尊，而且这三尊佛的容貌几乎没有差别，只是他们所结手印不同。根据大乘佛教教理，这样的造像用以表示释迦牟尼佛的法、报、化三身。

中间的那尊是法身佛，也名"毗卢遮那佛"，表示在一切法界，佛教的真理即是佛身，宇宙万法也是由此佛而出。在佛教密宗中，把法身佛称做大日如来，视为至高无上的本尊。

法身佛的左边一尊，那是报身佛，名"卢舍那佛"，表示在证悟绝对真理之后而获得的佛果，所显示的是佛的智慧身。

右边的这一尊是应身佛，也称为化身佛。佛为教化众生，总会根据不同众生的根机而变化所现之身。他随缘住世，以慈悲心和大智慧成就世间众生，没有分别，也没有执著，只是用微妙的佛法浇灌众生干涸的心灵。

化身佛即"释迦牟尼佛"，说起这尊佛，想必大家应该不陌生了。就是那位出生在迦毗罗卫国的太子。也许世人很难想象，这位出身高贵的悉达多太子，为何舍弃荣华和尊位，离开爱妻与幼子，而一定要选择那世间最苦、最难行的道路呢？

曾经，他也是个享受着宫廷奢华生活的英俊王子，可是宫廷里的舒适与安逸并没有让他沉沦下去，反而让他更深切地感受到穷苦人的无助、老病弱者的痛苦。宫廷中的悉达多太子永远是孤独而寂寞的，因为再动听的歌声、再出众的美色、再充足的财宝，都只是更增添了他心中的苦闷与忧愁。

落寞或是繁华，不过是物质世界在瞬息之间的转变，何必因为世间之无常而忽喜忽悲呢？大雄宝殿里的佛陀，告诉人们的不仅是圆觉智慧的高妙精神，也在奉劝世人：莫要被短暂的快乐遮盖住无限的灵性智慧。满眼倾城春色，终究也不过是过眼的繁华，恰如春去秋来，一切都在转瞬的变化之间。

大殿之中，佛像静默。可我们知道，佛陀不仅以言示教，他也在以身示教，而这也正是后世人们尤为感佩他的原因。

有些大殿所供奉的三尊佛像并非是三身佛，而是象征着三个不同世界的佛。中间的那尊，是释迦牟尼佛，掌管着我们这个世界。右边的那位是西方极乐世界的阿弥陀佛，没错，就是净土宗所崇敬的那尊佛。他端坐于莲台上，双手交互相叠放在足上，在掌心中有一莲花，表示接引众生来此净土世界。左边的一位则是东方净琉璃世界的药师琉璃光佛。他结跏趺坐，左手持一钵盂，表示甘露，右手持一药丸，或者是手持尊胜诃子果枝，也有的药师佛造像右手垂下，做接引状。在一些画像上，药师佛通身颜色为蓝色，明澈透亮，庄严非凡，使人一见便顿感无比清凉，心中热恼顿时消解。

这三尊佛合称为"横三世佛"。在佛像旁边通常有两位菩萨造像。立在释迦牟尼佛旁边的是文殊、普贤二位菩萨；侍奉于药师佛身旁的则是日光菩萨和月光菩萨；站在阿弥陀佛旁的是观世音菩萨、大势至菩萨。这六位菩萨是三位佛的上首弟子。

既然有横三世佛，那么自然就有竖三世佛，即过去、现在、未来三世。端坐在正中的为释迦牟尼佛，是现代佛；坐于东边的为过去佛迦叶佛，西边的那位便是未来佛弥勒佛。

也许你会感觉这样的排列很是陌生，因为大殿中最常见的是"横三世佛"，这种"竖三世佛"的造像却比较少见。

在有些寺院的大殿中，只供奉着一尊毗卢佛，他是三身佛中的报身佛像。毗卢佛端坐的莲台为千叶莲花，在每一张莲瓣上，都可见一尊小佛，这是应身佛释迦佛。《梵网经》中有言："我今卢舍那，方坐莲花台，周匝千花上，复现千释迦，一花百亿国，一国一释迦，各坐菩提树，一时成佛道。"

可见，这一只莲瓣便代表了一个三千大千世界，整个莲座代表的就是广大无垠的华藏世界。那么它有多大呢？佛说，虚空有多大，这华藏世界就有多大。华藏世界除了我们所在的娑婆世界之外还有极乐世界、胜莲花世界等等。虽然"世界"很多，但无非是名相上的区别而已，在法性上却是没有任何分别的，我们没必要在名相上打转，毕竟，那只不过是一个虚妄的概念而已。

有位朋友看到人们恭敬地对佛礼拜还很不理解："为何人们都在对着木雕泥塑的造像礼拜呢？"实在地说，这礼拜中也并不一定都是为了满足自己的欲求。人们礼拜佛菩萨，自然是他们值得众生这样钦敬。他们的慈悲大爱便是洒在人间的阳光，能够照射到世间的任何一个角落、照射进世间任何一个人的心中。

自觉觉他、觉行圆满，这便是"佛"。这就是说，一个真正圆满的人，不仅是自心的圆满，行为上的圆满，而且他也能通过种种方法成就他人、圆满他人。但是佛菩萨并不会把众生的觉悟全部归功于自己，他们想到的只是把自己获得觉悟的方法告诉大家，

"看，像我这样思考，像我这样做，像我这样行，你们的心灵就能解脱。"佛是大觉悟者，但他并没有因为自心已经圆满就舍弃掉众生。

其实，"觉他"并不是佛菩萨的"专利"，觉他的范围也并不是只局限于帮助他人获得心灵的觉悟。但无论怎样，我们都必须先做一个完善而圆满的人。诚然，世间万物没有十全十美的，但我们可以努力使自己变得完善——从心念、思维到行动、做派。

无私无我，才能无惧无畏，一旦我们做到了这一点，我们的生命之光才能真正地明亮起来。世间多少人，修行是为"我"，成道是为"我"，就连有人问他修行的原因，他也离不开一个"我"——"我要此生成就，我要解脱心灵上的烦恼。"自然，我曾经也是这样——现在似乎要比以前有些进步了，不过不大。自觉与觉他，并没有什么截然的先后顺序。不能自觉，觉他便只能是空谈；不能觉他，那自觉又有何用？

在生活之中也是这样。我们自己有所成就，也应该用自己的力量去成就他人。当我们把自己的成就完全归功于自己，把自己对他人的帮助完全当做是自己的功劳时，那还真是始终脱不了对"我"的偏执，烦恼也只能更多罢了。

如何了却那个"我"？那就只有不断否定旧有的"我"，每一天都让自己向完善、圆满的智慧生命不断靠近。佛菩萨就是这样一路行来的。

佛菩萨成就了别人，也圆满了自己。而我们，只有先去做一个圆满完善的人，然后才能谈如何去觉悟、去践行。如果自己都不能做个完满的人，还如何谈得上"觉他"呢？拜佛，也算是对自己的一个提醒吧：人身难得，人生苦短，是要如同行尸走肉一般地过活，还是要不留遗憾地走完人生路，全看自己的心如何把握了。

地狱或天堂不在身外，而在心内

深红色的大门，高高的门槛，一进门抬眼便能看到高大庄严的佛像。他们微微地笑着，虽然不能再走得近些，把他们脸上的表情看个仔细，可从大殿里祥和的气息中我们总能感受到佛祖对众生的那种大爱。他是个真正的觉者，觉者不会把自我与他人生硬地隔开，也不会把尘世与净土做个明确的分别。觉者告诉我们，地狱或天堂不在身外，而在心内。

梁上悬挂着经幡，不时地，还有缕缕清香飘来。这种香气让你断定此时此刻此地，你已经远离了俗尘中的杂事，即便是走进山门之前你还在为工作业绩焦虑，或者因为不怎么融洽的人际关系而苦恼，可一旦来到这里，你就会发觉，红尘之外别有一番美好。

这里是大雄宝殿。悠扬的唱经声飘进你的耳朵，落定在你心头，你的心头端坐着一尊佛。实际上，你的心就是一尊佛，只不过平时你的精力全放在日常琐事上——并不是说日常琐事阻碍了我们的修行，而是说，我们有时候并没有体认到，处理琐事就是一种修行，越是不起眼，越是零碎，越是让人厌烦，这时间反而越是觉得漫长，正好，这时间也可拿来修炼内心。

不要觉得零碎的时间、琐碎的事情，就一定会成为生命中的困重。也不要对生活里的挫折和坎坷抱有过多的恐惧感。所有这些无非是一种经历而已。修行是发现当下的真实的我，这个"我"不会深陷在流转不息的杂念里，也不是平常所见的那副小肚鸡肠的模样。这个"我"能够如实地接受当下发生的一切，不去逃避，也无所希求，自由地接纳，自由地处理。也正因如此，这样的"我"，才是真正安静平和的。

这种境界，虽然不是轻易就能做到的，可这世界上还是有人做到了，成就了。这个人就是佛陀。他具足无上圆觉智慧，他降伏了邪魔外道，给人们指明了修行之路。因他能够包容万有，所以被赞为"大"，因他善于降伏外道才可称之为"雄"，大雄宝殿里，他含着微笑端坐在中央。

那么，这位释迦牟尼佛给人们指明的修行解脱之路是怎样的呢？

佛陀对众生说，"你的生命由你自己主宰"，不论你现在过着怎样的生活，你都有权利选择以后的生活如何。你的心呈现出怎样的状态，你的人生便会相应地出现变化。

这个道理显而易见，为什么那些心态平和，充满善念和慈悲的人，他们即便身处贫困也依然能乐呵呵地过好每一天？他们的人际关系良好，身心健康，你可以笑他们"没见过世面"，但一个人活得是否快乐幸福，与见过什么世面有必然的关联吗？

如果你问这群人："为什么你每天都过得有滋有味，很快乐、很开心的样子？"

我想他们不会说出"生命正能量"之类的话，他们也许只是笑着望望你，告诉你，他们心里很少会有妒忌、算计、抱怨、嗔恨之类的念头，他们的话语是那么的朴实无华，以至于你听了他们的话后会在脸上露出不屑的表情。

但是，他们会继续对你说，他们最初的时候完全是出于"害怕"的心理才让自己做好事、存好心的。因为他们怕自己那些不怎么良善的念头和行为会给自己带来殃祸。可渐渐地，他们发现存好心、做好事，确实能让自己内心很快乐。后来他们又学习到如何克服自己性情中的不良习气，比如怎样控制愤怒和冲动——哪怕一点点这样的习气都不能残留下来，这是他们要做到的目标。然后，他们还了解到如何观察世间万物的成住坏灭，并从这种观察中生出一种智慧来。因为有了这种智慧，他们能够控制住内心多余的欲念，不贪求什么，但也不是什么都不做，而是积极而精进地把握每一天的光阴。

这些人姓名各不相同，但他们有个共同的称呼，"修行者"。

如果你愿意，你也可以成为他们中的一员。

有人把旅行当做修行，有人把艰苦劳作当做修行，有人说"我努力地做好每一件事，但求自己内心安稳"，他们觉得这也是修行。

所谓修行，不拘形式，但看自心。你选择旅行，那是因为你希望在旅程中遇到真善美的东西，遇到那个真正完美、真正充实的自己；你选择艰苦劳作，是因为你晓得唯有"身心合一"才能给生活增添更多的快乐，让人生充满真实的意义；你选择努力做好自己的分内事，诚心诚意地对待每一个人，很好，这确实是能让内心真正安稳、踏实的好法子。

佛陀从来没说过"死亡就是解脱"这样的话，他对众生说，跳出欲望的束缚，自由地接纳万有，而不是根据自我的执著判断出好坏分别并执著于这种分别。

贫穷就一定是不好的吗？或者一个人饱尝寂寞孤独，就一定是痛苦的吗？若你执著地想，这就是很痛苦的事情，那么你的内心时刻都会被这种痛苦包围——而这种痛苦就是你自己加诸自己身上的。这一点很重要，却经常被我们所忽视。于是这种对"自我执著所造成痛苦的忽视"就成为了我们深陷烦恼、不可出离的最大原因。

怎样做，才称得上是"不执著"？《善夜经》中有言："过去之法不应追念，未来之法不应希求，现在之法不应住著。若能如是，当处解脱。"对过去之事不加追念，对未来之事不做奢望、希求，对现在的境况不去贪着、分别。若是真能这样去做，那便是不执著，当下就可让心灵轻松解脱。

人生的束缚全在于自我的执取。有些人，只执取好的东西；可有些人却不论好坏都要执取，比如怒火、仇恨、暴力、烦恼、各种过度的欲望，等等。以前经常听到这样的话："人啊，万不可沦为欲望的奴仆！"现在，不得不加上一句："人啊，切莫因为执著那些变化无常的东西而伤了自己。"

如果有一天，你不再为那些无常变化的事物而牵动心灵的宁静，那么你便成了当下觉悟的那个人，也就是——佛。

从有相到无相

当你跟随着心灵的指引来到佛殿里，以恭敬的心望着面前高大威严的佛像时，你一定不会忽视掉佛像前摆放的各种供品。鲜花、佛灯、水果，清幽的香气飘散在大殿里，明晃晃的烛火舞动在佛像前，所有这些都仿佛是要把你引领到一个安静又祥和的地方去。

看着供桌上那许多供品，你可以赞叹也可以惊奇。不过要记得，佛前供品也有着许多学问，每一种供品都有着特殊的内涵，都在向我们昭示佛法教理。

比如佛前的杯中清水，象征着身语意的清净。而且水是很容易找到的，你不需要花高价去购买，也不需要做什么杀生造业的事情，在供水时人家也不会生出吝啬心。用很普通的东西去供养佛陀，只要发心纯正那便可以了。

佛陀告诉人们，水有八种特性，这八种特性分别表示了八种吉祥。

水之凉性，表示执守戒律、一心清净。当然，如果我们能把自己多余的欲望过滤掉，我们的内心也会无比自在。

水之清澈，象征众生心中原本的清明智慧。

水之轻柔，是向众生展现身心之健壮。每一个众生的心灵原本洁净而充满能量，你或许不知道，但这是千真万确的事实。

喝下水，我们感觉喉咙里很清爽、舒服，这是在告诉我们，做人应该语言美妙，说善语，出善言，而避免说伤害他人的恶言恶语。

水很柔软，表示众生的意念应该以柔顺为佳。

清澈干净的水是没有味道的，这说明修习佛法可以帮助众生清除一切身心障碍，获得完善圆满的智慧。

水很甘甜，表示修行之人应享百味食。

水能养胃，这也是很重要的一种特性，表示修学佛法的众生因心灵清净、常存善念而身体健康无病。

礼佛供佛，但看初心，我们的心若能时刻像水一般清净而平静，则每时每刻都生活在禅意之中。清净又平静，那便是宠辱皆忘，波澜不惊的人生境界。诚然，人这一生之中哪里就能避得开灾难祸乱，即便安安稳稳地度过一世，可是各种挫折波动也是常有的。

内心脆弱的人，总喜欢抱怨，一遇到挫折和坎坷就会怨天恨地，仿佛自己便是人世间最不幸的那一个。抱怨越多，对外界环境的对抗就越深，最终伤害的到底还是自己。该承受的一定要狠下心去承受，这世间的种种事情来到我们身边，无非就是让我们经历的，而经历只是一个过程，不是目的。

也许你会说，嗯，人世间的各种经历就是为了磨炼我们，这个就是目的了。

其实，你错了，世间万事对我们心灵的磨炼也是一个过程，而其最终目的便是教给我们彻底真实地做自己，得到一种心灵的觉悟。这种觉悟才是真正的目的，而这种觉悟的力量也是惊人的。

除了在佛前供清水，鲜花也是经常能看到的供品。每次看到供桌上那些红紫黄白各种颜色的花朵，总是会想起佛经故事里所说的"天雨宝花"的场景，无数鲜花从半空飘然而落，那种香气一定也不同尘世的吧！这香气之中散发着慈悲、光明、智慧，这香气不仅能抓住我们的嗅觉，还抓住了我们的心。没有觉性，或者觉性不够的人，会执著鲜花的香气，执著它们的美丽。

于是，原本很好很庄严、美到极致的场景反而阻碍了人们的心灵开悟。

将鲜花供于佛前，象征着一种美好，一种庄严。虽然鲜花的香气终有一天会消散，鲜花的美丽总有一天会凋谢，可这段承载了美好心愿的时光却作为一种表法的手段而点醒了无数心怀苦恼的众生。佛法即是心法，当我们看到庄严、美丽，散发着缕缕香气的花朵时，总是能观想到诸佛菩萨的端正光明之相，并由此而生起无量的欢喜心、清净心。若是能因了这个发心而不断修行下去，利益众生，那么这些供于佛前的鲜花纵便枯萎，也自然留一段馨香在人间，留一份美好在众生心田。

供养鲜花本也是为了庄严我们自己的内心，庄严清净的道场，这是一种利益大众的事情，所以在选择鲜花时也有一些事情需要注意，比如一定要选择那种"色好、多香、柔软、细滑"的鲜花，这样的鲜花供养在佛前才能让大众生出欢喜心，一份喜悦一份吉祥，都在这其中。

可是，在欣赏佛前盛放的鲜花时我们也不要忘记，这花朵，无论它多么地鲜艳美丽、香味美妙，它们总有凋谢的时候，或早或晚，或是顷刻败落，或是能绽放个把天，总会枯萎，惨败。你不要见了那枯萎惨败的花朵就觉得厌弃，要知道，我们的人生也是这样子的。

何不仔细想想，在我们风华正茂时，我们对人生做过多少期盼和憧憬。年少时，我们向往爱情，总想找个相爱的人，然后执子之手，长相欢好。但是在经历过岁月变迁之后，谁还会真心地去为对方已经衰败的容颜而热烈歌颂？

再想想我们对富贵功名、名利地位有过多少追逐？在过往的岁月中，我们又是怀着多少不甘心和各种迷妄心于焦虑不安中度过了本该轻松宁静的生活？

总有一天，我们会发现，自己当年拼命追逐的不过是瞬息即逝的东西，就好比那些鲜花一样。人这一生是如此匆匆，我们忙着看外面的美景，却忽略了庄严自己的心灵；我们忙于精心算计，却忘记人生的有限性。从呱呱坠地到命将止息，从青春绽放到容颜残败，你若细细想来，不过就是朝夕之间而已。

这个道理，世人何曾不明白，可愿意于宁静淡泊中安稳生活的又有几个？

所以啊，若是你见了佛前鲜花盛放的姿态，也不妨想一想它们枯萎残败时的样子。你会想到，人生既有绚丽绽放的时候，就会迎来彻底衰败的那一天。那蹒跚而龙钟的老态何曾是你年少时候能够想到的？可如果你想到了，那么你便也心灵开阔了——人生不过如此，争夺什么，执著什么，渴求什么，即便你得到了，也无法让时光逆转，逃脱生命终会逝去的结果。

小小一束鲜花竟然能对我们演说出如此多的人生哲理，但这些道理也只有真正有心的人才愿意听，愿意思考，愿意打碎旧的自己，给自己制造一次新生。

寺院里、佛像前经常可以看到袅袅升起的香雾。佛香，表示的是一种信愿，当我们闻到香气，看到佛香上燃着的火花，就应该从内心提起要修学戒、定、慧的信念。

佛前燃灯点烛也是一种象征。灯烛不停地燃烧着，他们所发出的微弱光亮却给人们带来光明和温暖，虽然这力量很微小，可奉献自我的精神却值得我们效法。如果现在提到"舍己为人"，可能有人会轻蔑地一笑，然后回敬道："这是什么年月了，还讲这么不切实际的话。"可是，如果没有了其他众生，那么我们自己又该如何生存下去呢？

世间的一切众生就好比是海中的浪花一样，一朵浪花激起了另一朵浪花，但浪花的生起和消灭，都不过是因缘所生、因缘所灭。不论浪花以何种面目显现，都与大海是本性同一的。我们与其他众生也是一样。那浪花便是个体，大海好比众生。浪花的出现只是时空因缘中的一个现象，十分的短暂。对于这个短暂的时空现象，智慧的人不会执著地认为这就是"我"，或这就是"别人"。因为他们知道，心中一旦有了分别便生出烦恼万千。

同时，这佛前的烛火灯光也代表着光明与智慧。一个人若是没有了智慧，便将永远听由无明业力的摆布，沉陷在痛苦和烦恼之中，一时一刻也不能获得心灵上的清净自在。

这个世界就像是梦境一般，既绚烂缤纷，又变化多端，让人难以捉摸。在有智慧的人看来，既然这外面的景致不是永恒停留的，那么就珍惜它，在当下细细地欣赏它。或许，这景致并不是自己想见到的，或许这景致不仅不符合自己的心意，反而还会让自己见了之后就心生厌烦。没有智慧的人在咒骂这个世界，抱怨这个世界，而有智慧的人却在想："哪怕这个世界带给自己的全是坎坷与折磨，自己也应该好好去欣赏，把心灵与这世界相融。"

明耀的烛光不断地闪动、跳跃，这份光明也给众生带来欢喜和希望。烛光倒映在不同众生的眼中，不同的人，其所见、所思、所悟、所想自然也是不同。愚痴的人想到的仅仅是这烛火很明亮，却丝毫不能唤醒心中沉睡的灵性。而追求觉悟、渴望过上有灵性的生活的人，却会因为跳动的火烛而想到生命的跃动，想到如何坚强地跨过生命的寒冬，想到如何以一己之躯去服务众生，想到让自己成为一个充满热量的人，温暖自己，也温暖别人。

很久以来，我们为了滋长所谓的幸福与快乐而在世界各处忙碌着、追逐着。人们追逐着物质的丰富和欲望的满足，若是适度，本也无可厚非，可过度地索取终究不能让我们真正快乐起来。看一眼那闪动的烛火，这佛前的烛火自然没有空中的太阳那般光芒耀眼，可佛前的烛火却也一样地给人们带来光明和希望。它在用一种动态的方式向人们表法，告诉众生，物质世界变化那么快，人生的时光又是如此的短暂，千万要把握好自己的生命，不要浪费了它，不要等到了生命的终了才开始后悔，悔恨自己在青春年少时只知道追求那些带也带不走的东西，而忽视了对心灵的关注、对觉性的领悟。

只要我们放眼看看身边那些为了满足过度的欲望而犯下滔天大错的人们，看看他们在生命终了时那双充满恐惧和悔恨的眼睛，你便会明白，在这个世间，真的再没有什么比内心安宁来得更重要。心安，生活便安乐。心安宁，你就不会有怨恨，不会在嗔怒中做人做事，所以你自然不会结下冤家。你不怀嗔恨和贪欲，这个世界便已经对你张开了双臂，用爱来迎接你。

内心生出一分安宁，世界便多一分和平；内心生出一分慈悲与爱，你的人生注定会充满意义。跨越了小我之爱，摒弃掉仇恨，我们就不会有恐惧。没有恐惧的生活，真好！望一眼那不断闪动、跳跃的火烛，佛说，你的心灵此刻便已安宁。

说完鲜花和烛火，我们再来聊一下佛像前供的各色水果吧。以水果供佛不在于多，也不拘是什么种类，但看供养者的心是否真诚恭敬，是否怀着对众生的慈悲大愿。以水果供佛，不仅表达着人们对诸佛菩萨的感恩心和恭敬心，同时这也是一种表法。佛前水果代表着普劝人们修善因，得善果。所以佛前所供的水果象征着"果报"。说起"果"，很自然地你会联想到"因"，有果必有因。

比如，那些供在佛前的水果，若是在供奉之后，趁水果还很新鲜便取来分给大家一起食用，这就是一种善因。而你所得的善果或许不是什么中个大奖几百万，而是得到了营养，有一副好身体，这个善果其实也不错。可不要把那供佛的水果放到腐坏然后又拿去丢掉，这样实在太过浪费了。佛像不需要吃饭吃水果，这供奉的水果其实也是另一种布施，谁需要谁便可以食用，这岂不比把水果供成烂泥又再丢掉要好得多！

或许你会在心底生出疑问：佛门常说不能"着相"，《金刚经》上说，"一切有为法，如梦幻泡影"。既然如此，为何要供奉佛像呢？让人们供奉佛像，这岂不是"执著"于一尊木雕石刻的偶像吗？

供奉佛像有这样两个含义。一是报恩。佛门认为，这个世间的一切众生对我们都有恩德，这话可真是不夸张。喜欢旅行的朋友，我想会比较深有感触。你盯着地图摆弄半天却也找不到行进路线时，你因为迷失方向而焦急不已时，你头疼脑热、身体不适时，总会得到别人的帮助，或多或少。

好吧，如果你不是一个喜欢出门的人，或者没必要出门，你只喜欢宅在家里，看喜欢的电影，听喜欢的音乐，读喜欢的书籍，但是，如果没有其他众生的工作，你如何能欣赏眼前的画面？如何能听到悦耳的音乐？又如何在文字中驰骋想象？而众生对我们的恩德又岂止是这些呢？对我们恩德最大的，便是父母、老师。没有父母的生养，我们自然也不会存在了；没有老师的教育，我们不能明白事理，没有知识文化，活着也如同死尸一般。

佛菩萨同样也是我们的老师，佛陀更被誉为"天人师长"。是他们的教诲，成就了众生的法身慧命，是他们在辛苦地度化世人，化解众生心头的热恼。没有佛法，我们便无法安顿身心；没有佛菩萨的教化，我们如何解脱痛苦，获得安乐？以花果供佛，这是为了感恩他们，忆念他们，如同我们每年过的"教师节"那样，感念这些心怀慈悲的人天导师。

供奉佛像的另一个意义便是以佛陀作为我们修行的榜样，这多少有些"见贤思齐"的意味。不要以为佛陀是神灵，也不要把他当成能够左右我们命运、赐予我们祸福寿夭的主宰者。佛陀早就说过，每个众生都是他自己命运的主人。佛也是由凡夫修成的，他与众生有何差别？如果有，那么便是悟与不悟。

每当我们走进大殿，望见端坐含笑的佛陀，可不要先想着求他给我们带来什么。修行是为众生，但也可以是为自己，你就是芸芸众生中的一个。修行，是为了生命更加美好，而不是索取更多的东西，用这些物质来填充我们空虚的心灵。

每一天，我们面对佛像时，如果仅仅是想着给他上炷香，供些供品，让佛菩萨满足我们的各种心愿，那么这与等价交换又有什么区别呢？当我们来到寺院里，不论是面对那绵绵不断的香火，还是各种各样的佛前供品，如果我们不能有一颗美好而充满善念的发心，那么任何佛像或供品都只能是对这位天人导师的一种亵渎。他不需要人们用所谓的供品来"讨好"他，而佛门也不是众生花些钱来买个心理安慰的处所。

我们向佛菩萨学习，不仅是要学他们的慈悲，学他们的智慧，更是要学习他们存心立愿，这种胸怀可不是天生的，而是经过后来的磨炼，通过真实的修行才能得到的。

所以，当我们在工作、生活中陷入人际麻烦时，想想佛陀是如何修忍辱行，如何发慈悲大愿的吧。我们所经受的一切，其实也不过是修行之旅上的小插曲而已。若是把人生看得长远些，说不定我们还要感谢自己当前所经受、过去已经受的种种磨难呢。

佛是我们学习如何做人的榜样，那么供品便是学习的工具，起着表法的作用。一个有心人，他不会在意寺院中熙熙攘攘的求福祈愿的场面，反而会把目光锁定在表法的佛像、供品上。寺院里的一切一切，无不向人们讲述着道理，有些关乎做人做事，有些关乎修行觉悟，你认为来一趟寺院是为了满足自己的心愿，你跪拜在佛像前是为了求东求西。可我要告诉你，人的心愿是无法满足的，因为人被无明遮盖了慧眼清心，各种愿望聚合在心底，那不就是个无底洞吗？无底洞何时能够填满？

或许你会说："我来到佛前，不为求取功名财富，就想求个内心安宁，求个身心自在，无所牵挂。"可是这些又哪里是能求来的呢？若是可以在某一天求来，那岂不是说也会在某一天失去？真正的身心自在、了无牵挂，并不是求佛求菩萨就可以"求"来的。我们在做事情时认认真真去做，就好比用画笔涂抹着自己想象中的世界一样。在描绘的时候，我们关注着自己的画笔，关注着自己的念头，用心画好每一笔。事情做完了，图画画好了，我们心中能坦然放下。如此甚好，这才是自由自在。老实地说，佛像前供奉的什么，都是有相有状的物品，可我们要觉悟到的智慧却是无相无形的。从有相到无相，生命必然要经历一个转变。

唯有无求，方才身心自在。对于我们来说，很多时候心若安好，人生才是晴天。

净土在心头，修行在人间

在走过那许多的寺庙禅院之后，我不禁在想，尘世的苦，尘世的烦，是不是只在寺院的晨钟暮鼓中才能消融殆尽？可是，我却从来都没有想到过，所谓的尘世与那传说中的净土，究竟有着怎样的区别。

有人说，净土就在自己心上，只是我们从来不曾看见。

有人说，净土在哪里？其实遥不可及，但是每个人都可以描绘出自己想象中的净土到底是个什么样子。

还有人说，净土啊净土，只有死后才能去到那里。当然，只有良善的人才有这个资格。

到底是心被尘世所迷，还是心本就沾染了尘埃，这个问题一直被人们探讨着。伟大的人间智者佛陀曾说："大地众生，皆具如来智慧德性，但以妄想分别执著，不能证得。"可见，人们的心灵天性就是清净而无染的。

只是人们太过盲目地追求着一些东西，他们偏执地以为自己不断追求的东西是对生活完全有益的，于是，人们用两只手搂着自己想要的一切：财富、欲望、名利、地位……他们的一双眼睛看不到自己的内在世界，而完全被外面那些不怎么重要的东西层层包裹起来。直到人们觉得累了、痛了，在欲望的苦海里挣扎得厌倦了，他们才又回想起，哦，原来自己还有一颗心，是完全归属于自己的，而外界的那些东西，并不是自己此生忙碌的目的所在。

要知道，真正能让我们感觉疲累或放松的主宰者不是你的上司、老板，也不是你的工作、家庭，而是我们那颗心。这也正是我们一直不自觉的。

我们总是幻想着，在天之尽头，某个神圣的地方，有那么一个法力无边的人，他能帮我们解除心灵的痛苦，把我们从疲倦和困重中释放出来。而且更了不得的是，这个人能满足我们的一切愿望，比如，有求就要有应，有愿就要实现。求的越多，人们心中的挂碍也便越多，痛苦也便越大——小的心愿实现了，总会有更大的愿望；好的愿望应验了，又希望不怎么良善的愿望能够应验。

人们来到寺院拜佛求佛，有多少人是为了满足自己的那些心愿，而并非是来安然放下自己的欲求和追逐呢？佛陀告诉我们"放下"，放下生命中沉重的负担而挑起人生中应尽的责任，可是，世间那么多人，却是放下责任而偏执地要捞取那些带不来也拖不去的东西。

每一天，我们都在感叹着自己生活的艰辛困苦，羡慕着、嫉妒着别人的命运遭际。当你抱怨造化弄人，对自己与他人的巨大差距心生怨恨时，你究竟有没有想过，其实这人生中的各种际遇并非全是天意造化如此这般，而你完全没有一点儿主动权。佛家有言，心念变，世界变，人生命运变。

所以说，每一个人的命运都在自己的心念上掌握，每一个人的心中都有一个世外净土，而每一个人便都是这净土世界的主人。当然，你有权利选择让自己的心安顿在清净祥和的世界里，也有权利选择一个混乱暴力的世界。每一个人都是自己心灵的主人，可是很少有人能够控制住自己的心念，不能断绝那纷乱的念头，不能清除那些充满愤恨与暴力的念想。甚至在大多数时候，我们被别人操控了情绪的悲喜，却不自知。

我们所处的世界，其实就是自己内心的投影。你不能理解焦虑满怀之人为何每天都愁锁双眉，你也不能理解贪婪悭吝之人为何总是会与人为敌。对于许多人来说，他们都活在自己制造出的妄念之中，这还不是最可怕的，最可怕的事情是，他们自己并不知晓，甚至知道了也毫不在意。很多人往往把自己的想法认作真实，把这个因缘聚合而成的世界认作永恒不变的事实。他们给自己的心灵套上了无形的枷锁，反过来却埋怨这个世界让他们不自由。

记得在某座寺院的大殿门外，有位满脸倦容的香客。通过交谈才知他千里迢迢来到这座寺院，只因他听说这里香火鼎盛，十分灵验，便从老远赶奔过来，希望能在这里圆满实现自己的心愿。其实他所求的无非是要过上更好更富裕的日子。确实，这没有什么不对的。因为我们也经常有这样的念想：真希望自己的生活越来越好。

可是，我们现在的生活就不好吗？或许我们正在被盘根错节的人际关系所困扰；我们正在因为薪水太低而发愁未来的生活；读书的人在考虑着如何寻求更好的出路；已经工作的要么想着加薪升职，要么想着跳槽走人，无非是为了获得更多关注和利益。

我们一遍一遍地否定当下的生活，而偏执地认为自己现在的日子如何如何不好过，只要求过神佛就一定能有所转变。请注意，佛是觉悟的人，他不是神，他也和我们一样，有血有肉，但他却已经获得了无上的觉悟。他告诉我们的道理很简单，这世界无时无刻不在变化之中，无常是唯一不变的真理。同时，他也告诉我们，自己的命运始终由自己来掌握，因此，人是自由的——只要他愿意沿着佛陀指明的这条路努力地践行下去。

对于世间众生来说，妄念的力量是如此强大，以至于大家对自己凭空制造出的每一个心念都认作真实。如果这心念充满了慈悲，充满了博爱，那么倒也不会给生活造成什么困扰。可世人所执著的心念偏偏全是与愤怒、嗔恨、贪婪有关。

难怪有人说自己找不到净土呢！他们用一块黑布遮盖住了自己原本纯净的心灵，用各种欲念填充空虚的生活，而不想做出丝毫改变。我们有太多太多的个人偏见，用这些偏见去认识这个世界，自然无法得到圆满的真相。

世间众人沉溺在妄念之中无法自拔，而他们却对生活于禅悦安宁之中的人们嗤之以鼻。当一位修行多年的朋友对别人说他一直生活在净土之中时，还引来了许多嘲讽。那些人在讥讽他："你既然在修行，为何你不去出家？"

若心中有太多牵绊放不下，出家又能如何？况且，人自出生开始，便踏上了漫漫的人生修行之路。所谓修行与宗教无关，这是一个生命寻找真我的漫漫征程，也是一个生命不断觉醒，乃至发现本心真性的过程。在这个过程中，我们要对付的敌人只有一个，那就是妄念，或者说，是我们自己，因为妄念也是由自己制造出来的。

自己才是自己最大的敌人，看来此言不虚啊！

很多时候，人们也在考虑如何摆脱妄念带来的困扰，从妄念的控制中逃离出来。可有些人半途而废，有些人却咬着牙坚持下来。是的，这并不是一条轻松就能走完的路。不是你穿着草鞋，手拿拄杖，一步一步地慢慢走来，就可以走到心中向往的佛国净土。

所谓妄念，其实是对外境所生起的各种念头。这些念头是因外境而生，自然也会随外境而灭、而变。在我们没有恋爱时，心中对爱情充满了各种美好的憧憬和向往。我们在年少时总幻想着有朝一日会找到一个真正喜欢的人，然后对这个人很好很体贴，两个人牵手走过百年人生路。可一旦我们品尝了爱情的果实，不管它是甜是苦是酸是涩，我们心中的爱情理念都已经与当初不尽相同了。受过情伤的人会痛骂爱情是骗人的东西；求爱而不得的人会灰心丧气，认为爱情与痛苦是孪生兄弟；在爱河中沐浴甜蜜的人用最优美的笔触描绘爱的绚烂与伟大。

同样的一种事物，不同的人有不同的感受。你不能说他们的感受都是错的，但你更不能说他们的感受就都是完全正确的。在这些感受中都有各自的偏执存在，都不能揭示出事物的真相。所以，别人的这些言论没必要完全相信，更没必要去执著。你只要用自己的心灵去感受，用不断生起的智慧去观察、去思考就好。

不去纠结那些妄念，它们自然不会扰乱你的心，你自然能很轻松地找出人生的方向和出路。所以，你会活得很轻松、很自在。但是，真正能做到不去纠结妄念，却不是嘴上说得这么容易了。

我们不仅要对整个世界有一种无常的认识，而且还要清楚，自己的意识，自己的心念，也是无常的。因此，你不必为刚才自己忽然生出的愤恨而担惊受怕，只要你将妄念转变过来，便是正念。当你因某人的言论而心生愤恨时，你能马上意识到这个心念的危害性，这就已经是觉悟的开始了。然后，转变它，在内心中瓦解你的妄念。

如何转变？如何瓦解？其实方法很多，这些方法都出自于佛家智慧，而我们只要记住一点，这个世界本来就充满了不确定性，它不能被我们所掌控，因此它如何变化，都可以说是虚幻的。世间万物的存在性也不过是一种相对与相待，知道这一点，我们也就不会钻牛角尖地要在不确定中寻找依托，在不稳定中渴求永存。

一旦你觉知到物质世界本来是这样变化无常、转瞬即变，那么，你还要执著于它，就真的是自找痛苦了。稍微有些常识的人都明白，我们无法握住空气，也不能攥住流水，外部的物质世界就是这样。

再去看看我们的情绪，好或坏、欢喜或恼恨，还不都是与外境有关？别人说过什么话，做过什么事，不论对你有伤害也好，有帮助也罢，都只当是一种记忆就好，是记忆就总会有过去的时候。为了记忆中的事情而纠结万分，这是多么愚痴的一种做法啊。就好比我们经常把梦幻中的事物当做真实存在着的一样，这些都只不过是我们一厢情愿的想法而已。

记得佛经中有这样一则故事，说是从前有个十分富有的长者，他有一座华丽的大房子，可这间房子却只有一扇门。这一天，高

125

大的房子突然失火，大富长者先逃了出来，却发现自己的三个孩子并未逃出。原来他们只顾着在房子里做游戏，丝毫没有觉察出自己正身处险境。大富长者急红了眼，就对孩子们大喊道："我这里有羊车、鹿车和牛车，坐在车子上可有意思了，你们还不出来玩儿吗？"三个孩子一听有这么好玩儿的东西，便争先恐后地从火宅中奔跑出来。

对于贪玩的孩子来说，他们并不知道身陷火场是多么危险的事，在孩子们的眼中只有游戏。可我们不也是如此吗？我们身陷于欲望之中不肯出来，只知道寻欢作乐，并把贪图享受作为快乐人生的唯一资本，却不知道这享乐原本是一种苦，更是一种祸。有人为了追求刺激而纵情声色，有人为了享受生活而不惜把别人的财富占为己有。到头来，他们真的快乐吗？

或许你会说，唉，看看那些食不果腹的人吧，他们没钱没地位，岂不是更苦？

那么，被仇恨、贪欲、无知、嗔恚、妒忌包裹着心灵的人们不是更苦吗？看起来，他们过着光鲜的生活，可毒素却不断蚕食着他们内心的清明，光鲜刺激的生活并不能带给他们安全感，甚至还助长了心中的焦虑、恐惧和不安。

有人说，其实他自己也明白人生中有各种苦，可没办法，出离不了啊。放不下精彩的游戏，也放不下自己追求很久并已经到手的东西，比如金钱、美色或社会地位，等等。在人性之中，确实存在着真善美的因子，但也充满了贪婪和惰性。世界上那些虚幻不实、变化多端的事物都在诱惑你、腐蚀你，而等你发现自己被欲望的猛兽吞吃掉时，再想回头却已经太晚了。

对于那些发现世界永恒变化才是人生真相的人来说，他们起初对未知事物也是充满恐惧感的。可是，一旦他们觉察出恐惧感对于自己改造生命丝毫无益时，就会转而去寻求新的方法。如果因缘适当，说不定他们就会踏上寻求内心宽坦任运的修行解脱之道。

当人们真正地接触到修行解脱之道时，他们便对世界的喧嚣繁华失去了兴趣，无论是美色还是爱情，金钱抑或名利，都对他们再没有半点儿吸引力。以前那种如猎狗追踪猎物般贪求外境的事情，此时在他们看来毫无意义。

不要觉得，这些修行人看破了红尘，活得很没意思。他们只是不再对红尘如此这般地盲目迷恋、执著而已。他们在修行的过

宝通禅寺佛陀出生像

程中已经锻炼出了定力，外界的刺激和诱惑，丝毫不会影响到他们。

　　若你以为，修行就是远离尘世，那么你就错了！如果你不能让自己在喧嚣中安静下来，那么不论你到哪里，内心都是一片嘈杂。不要认为，净土就在天之尽头，或者在死后的世界，若你能安顿好自己的心灵，你所在的任何地方便都是净土，都是天堂。

事在世间做，佛在人间成

过去，总以为佛家讲因果、讲三世、讲轮回，不过是为了躲避今世的烦扰，而给自己找一个平衡心理的借口。在寻找来世幸福的过程中，我们假装视而不见生活中的磨难，用看破标榜着自己的麻木。

直到走过三门，进得寺院中，方才知晓，麻木不是修行所要的结果。真正的修行，也绝对不是要我们无视人世间的疾苦，而是要用一颗慈悲的心去包容万物，化解一切。纵然人生中有许多崎岖坎坷路，当我们用禅心观照那许多挫折时，才真的想明白，看清楚，外境如何不过是心的映现。

修心，心正了，事儿也顺了。这便是最实在的修行。用智慧改变生命，用无念代替杂念。这可不是要人们个个都去遁入空门。当然，有些人入了空门，也未必能抛去心头的烦恼；有些人虽身在红尘，却也能活得自在快乐。

修行，无关乎形式，而只注重内心。身在尘劳也好，心在世外也罢，追求心灵的宁静坦然并不是说一定要脱离世俗生活。佛菩萨都没有贪恋净土的美妙庄严而不辞辛劳地来世间度脱众生，那么我们就更没有理由一定要跑到一个什么世外桃源去闭关，从此之后就完全隔断了与尘世的关联。

外部世界并不是阻碍我们获得平静安乐的敌人，只有偏执和欲望才是我们真正应该降伏的敌人。修行不是逃避，不是在我们遇到了什么难以解决的问题和挫折之后去选择躲开麻烦。有修为的人往往是迎着挫折和困难坦然自若地走上去。遇到幸运的事情他们不会得意忘形，遇到挫折困苦也不会轻易地放弃人生。

只想着依靠清净的环境以使自己的内心达到安宁的状态，这是多么自私而可笑的事情啊！有些修行者试图逃开一切可能伤害自己、让自己的心灵产生烦恼的事物，这本身就已经偏离了修行的意义。我们来到寺院，可以是为了欣赏它的建筑，也可以是为了朝拜佛菩萨，对他们表示感恩和崇敬——不过，这还不是最重要的目的。当我们拜倒在佛菩萨的塑像面前时，那也是一种交流，你可以说是与佛在交流，但其实是在与你自己交流，小我与大我的交流，真心与妄心的交流。

如果我们没有了解到这个道理，即便把膝盖跪得生疼，把鲜花水果摆满整个供桌，那么对于心灵的解脱、智慧的觉醒也是徒然。都说学佛修行，其实也是在学做人。因为佛陀实实在在的和我们并无分别，只不过他已经觉悟，能够时刻保持着喜悦、清醒、圆满的状态。而我们这些"凡人"之所以时刻被苦恼、忧愁、恐惧干扰，就是因为我们还没有彻底消除心头的妄念与偏执。

世间有多少人都把"解脱"二字与生命的终结相联系。仿佛只要这个生命走到尽头，就可以完全没有烦恼与牵绊了。可是，如果真是这样的话，那么我们活的那几十年岂不是要一直在烦恼与痛苦之中不断挣扎？这样的活法还有什么幸福、快乐可言？

解脱不是生命的结束，也并非是在死亡之后来到一个彼岸世界，而是在日常生活中保持一种觉悟的状态。可悲的是，明白道理的人很多，每当他们谈论起自己的心得体悟时总是口若悬河，可他们就是不肯把自己明白的道理与生活结合起来，踏踏实实地去践行自己证悟的道理。

比如，我们经常说"要活在当下"，可到底怎么做才算是活在当下，每一个人自然有自己的见解，其实也很难明确地判断出谁的见解就一定正确无误，能够适用于所有人。我们嘴上说得很好，"我要全然地活在当下"，可是我们具体的做法就不那么漂亮了。我们吃饭的时候想着明天的工作量，我们休息的时候却又在盘算着单位里的哪个人千万不能得罪，工作的时候我们想着目前的任务多么枯燥无味，自己应该什么时候跳槽。结果呢，吃饭时的乐趣我们享受不到，休息时我们的体能得不到补充，工作时的胡思乱想让我们的效率明显下降。

于是，我们抱怨连连，各种不自在。但这种不自在并不是外力施加到我们身上的。

很明显，上面的那些行为与"活在当下"完全是背道而驰的。其实那也说明妄念随时随地都能生起存在，也间接地说明，修行无时无刻都应该保持下去，不然就无法对付那随时都能生起的妄念。

活在当下，就注定了不能与现实生活相脱节。真正的修行者不会刻意地逃避人间的嘈杂与烦乱，真正有慈心和愿力的觉悟者也不会放弃世间的苦难众生，而过着自己个儿的自在生活。这修行离不开尘世，佛也是在尘世中修成。若是离开众生而求觉悟，

那算什么觉悟者呢？

自觉，觉他，觉行圆满，这便是佛。从字面意义上看一点儿也不难理解：自己证悟了真理，也让别人能够得到证悟，并且这种让别人也获得证悟的行为是圆满无缺的，这就是佛陀，了不起的觉者，证悟了世间殊胜道理的人！

这位觉悟者在证悟之后并没有放弃人间，也没有离弃众生，而是每天穿着简单的、粗糙的衣服，托着饭钵进城乞食。之后便对大众说法，把自己证悟的道理讲给世间众生。这其中既有身份尊贵的国王，也有身份卑微的乞丐，既有勇猛无畏的武士，也有能力平平的寻常百姓。总之，各色人等都在佛陀面前接受他的教法。虽然佛陀当时并没有想过"我现在对众生说法，我要利益大众"，可他的一切言行确实达到了这个效果。

也正是因为佛陀的不执著，他才称得上是解脱者。所谓解脱，便是破除了所有执著。你执著善或者执著恶，最后都无法真正解脱。当我们执著于要获得一番成就，要造福众生、利益众生时，我们的心灵就已经被套上了枷锁。诚然，有这样的发心还是很好的。但是，即便是充满良善的心愿，也不要去执著。佛陀说法教化了众生，可他并不执著于这些。这也是为何称他为"无上的觉者"的原因。

读过《金刚经》的朋友都知道里面有这样一句话，"应无所住而生其心"，说得通俗些，便是告诉我们不要执著于眼前的事物，也不要执著于自己的心念。原本每个人都是自己生命的主人，都可以用自己的心去改造自己的命运，可是很多人却依然活得一塌糊涂。他们不明白的是，自己执著什么就会被什么牵着鼻子走。当你执著于欲望，你就会成为欲望的奴隶，为了满足贪欲，你开始学会不择手段，活得既疲累又痛苦，而且还时刻饱受煎熬。

在尘世之中，我们都该积极地做事，但最好保持随缘的心，不执著也不贪求。所以，我们的心灵必须要足够强大，强大到对一切外境不动不摇，不被欲望束缚，不被妄念困扰，面对困境可以用自己的心灵化解，同时也用心灵创造自己的未来。当然，这种强大的心灵力量并不是来寺院朝拜几次，或者跪倒在佛像前捐几个功德钱就可以得到的。若不是经过持久的累积，年深月久的修行，任何一个人，哪怕他再聪慧，都不能拥有这样的心灵力量。

我们每天早早起来，安排着自己生活中的一切，努力地做着事情，但是不要被这种努力和这些工作捆绑住自己，也不要把它们变成自己心灵的枷锁。我们的努力与积极，都是为了丰富自己的人生，让自己的经历转化成一种营养，滋养我们的身心，让我们从这种努力之中收获心灵上的动力。

佛陀便是觉悟了的人，只是他明白，这觉悟不能脱离世间，不能脱离众生。我们所做的事情，没有一件是能脱离开世间与众生的，但我们要明白，许多事情，并不是全部为了自己。如是去想，"我执"便渐渐地丢开了。

　　修行在世间，原本就是如此，简单明了，但看你做或是不做。不论你走进过哪所寺院，见到过多么有名气的大师，学习过多么神奇的法门，如若不能安安心心地在世间修行，修炼自己的心念，那么永远都将是个不能解脱、无法得到心灵自由的人，而这种捆绑束缚的感觉，将成为你快乐生活的最大障碍。

东林寺:慈悲清净的接引大佛

庐山,它带着世人"匡庐奇秀甲天下"的赞誉挺拔在鄱阳湖畔,它的身影倒映在湖中,壮丽又奇迷。在这里,佛教盛极一时,不论是东晋南北朝还是隋唐宋时期,人们提到庐山,就会联想到那些著名寺院,而东林寺就是这无数寺院中的一座。

东林寺南对着香炉峰,位于西林寺之东。东晋南北朝时期,东林寺发展成为中土南方佛教中心,同时也成为净土宗的祖庭。东林寺山门的墙壁上写着"净土"两个大字,只需要稍稍抬眼,便可以瞧见。从"净土"踏入,那么出来时会不会真的就把满心的尘劳丢到天边呢?

在慧远做寺院住持的那几十年里,寺中僧人曾有过多达数千的时候。我不知道这是不是同行的师兄在夸张描述,但我对他讲述的东林寺历史倒没怎么留意听,因为我一心只想见识一下被朋友们一再提起过的接引大佛。

"不要怕热,也不要怕远,你们跟着我走就是了。"同行的师兄总是一副很开朗、笑呵呵的模样。若不是他生得过于瘦弱,真是可以与天王殿里的弥勒佛相较了,永远是那么快乐自在、悠然自得的样子,让人见了倒不至于嫉妒,反而真心羡慕起他修行者的生活来。

一路上大家说说笑笑,倒也没觉得很热、很累。山风微微吹过,到底是觉得不够痛快,我便对师兄说,如果这时候忽然来一阵大风，那吹在身上才算凉快呢。师兄反而笑笑："你啊你，人生中有些事就不能慢慢去体会吗？非得要来个一股子劲头儿，等什么都快速地体验过了，兴味反而不在了。"

时间在脚下延伸开来，不知不觉地竟也远远望见了那尊48米高的铜制大佛像。这尊佛像并不是古时候所铸造，而是最近这两三年才铸造而成的。他一手捧着莲花，一手做出"接引印"，大佛全身呈金色，站姿。一路走来，都能看见蓝蓝的天空下衬着一抹金黄色，越看越觉得欢喜。大家慢慢地走在台阶上，倒不是因为对大佛起了怠慢心，而是实在不想让自己那急匆匆的脚步惊破了这里的宁静。

大佛立于须弥座上，越是向前走，距离大佛越近，我反而越是觉得油然生出一种轻松快乐的感觉。即便我仰起头也望不见他的五官，但却能想出这尊大佛的慈悲面庞，必定与其他地方看到的阿弥陀佛像毫无二致。他心中对众生的怜悯爱护，也一定与其他的佛没有区别。

是呢，世间万物所带给我们的感觉其实也是毫无差别的，有分别的只是我们的心。下雨天，你觉得路滑，于是就对天公抱怨不已。可如果你爱上了一个喜欢在雨天散步的女孩儿，那么你自然会期盼着日日下雨，天天都能陪着她在雨中慢慢散步。等到你娶回这个女孩做妻子，年久月深，她也美貌不如当年，如若她再对你说："咱们打着伞去雨中散步吧。"恐怕你会瞪着眼回敬她："散什么步？你连晚饭都没给我做呢！"

瞧，同样的天气，同样的人，同样的事儿，却能让你生出不同的想法，做出不同的决定。分别心、我执心、妄想心……无非都是心灵的游戏而已。待我们的心清净了、安静了，便要踏着金莲，一步步地来到佛的面前。他垂下的手便是"接引印"，能把我们带到一个清净美好的庄严佛土。

可这佛土原本就在我们心上啊，你所要的光明美好、清净庄严，还不都是与阴暗丑恶、污浊杂秽同属于一颗心上？当我们的心灵上只留下光明美好、清净庄严时，我们的生活便成为了最为庄严的道场、最为美好的佛土。

【第七章】

慈悲、利他、自度

　　人人都说慈悲难做，而我却只道它很寻常。只要我们把握好当下的每个时刻，尽自己的心力去帮助他人，用真诚的心、包容的心对待他人，做一些力所能及的善事，这便已经是一种"慈悲利他"的精神了。这样的力量很可贵。这种慈悲与我们光明灿烂的心性一样，即便我们身处的地点不同，所在的世界在变，可我们的觉性却依然纯明，我们的内心因有了慈悲而充满喜乐。

慈悲·度众

用自己的善念，去改变别人，也改变自已

还是在六朝时期，观音菩萨就已经获得当时社会各阶层人们的普遍信仰。大家如果学过历史就会知道，在那个时代，战乱频频，不仅下层民众始终生活在水深火热、朝不保夕之中，就连上层的那些士大夫们也在锦衣玉食中惶惶而不可终日，天天都在为未来的命运而担忧。越是乱世，人们便越是需要救苦救难的力量。这位大菩萨就是以能解救人们在现实生活中的苦难而著称，而她为了解救人们脱离苦海，还有三十三种变相，能救十二种大难，关于观音菩萨救苦救难、济度众生的传奇故事更是难以计数，比如"马郎妇观音"的传说，就算是大家比较熟悉的。

据说，唐代元和年间，在陕西某地有一位年轻美貌的女子，天天拎着篮子沿街卖鱼，可大家都不知道她姓什么、叫什么，只是被她绰约的风姿、如花的容貌所倾倒。每当有人问她鲜鱼的价格时，她都说："这鱼是要用来放生的，可不能买去就杀掉啊。"大家觉得这个姑娘倒有些意思，于是人们就纷纷传言，村子里有个美貌的卖鱼女，她的鱼不能吃，只能放生。

时间一长，这村子里的青年才俊对美丽能干的卖鱼女便生起了爱慕之心，他们纷纷托人上门来求亲，这其中不乏既英俊又多

金的贵公子，也不缺满腹诗书的大才子。

卖鱼女可犯了愁。她说："求婚的人这么多，可我只能嫁给一人。要不这样吧，我家祖辈世代信佛，如果哪位能在一夜之内背诵出《观音普门品》，那我就嫁给谁。"

这些年轻人一听纷纷赞成，于是"呼啦"一下全都走开了，回家憋着劲儿背诵《观音普门品》。第二天，这些人挨个背诵《观音普门品》，那情景多少有些像学生们在先生面前背书。结果还不错，有二十多个人能够流利地背诵出。卖鱼女又犯难了："我一个人，怎能同时嫁给这么多人呢？依我说，若是有谁能在一夜之间将《金刚经》背诵下来，那我就嫁给他。"

可是到了第二天，能将《金刚经》完整背诵下来的人还有十多个。卖鱼女就说："这样吧，我这里有七卷《法华经》，三日后你们再来我家，若有人能完整背诵出来，我就嫁给他。"三天之后，这十几个人又来到卖鱼女家中，可这次只有一位马姓青年能够完整背诵出来，于是卖鱼女依照约定，择定好日子，嫁到了这位马姓青年家中。

白天，锣鼓喧天，乡里街坊都来马家看热闹，大家都说还是马家小子有福气，听说新娘子又美貌又能干，还知书达理。于是有人就说，怎么不把新娘子带出来，让乡里乡亲、亲戚朋友的都见见。卖鱼女却对他说："我身体实在不舒服，可否先休息一下？"

马姓青年是个厚道人，便自己出去应付宾客了。晚上本该洞房花烛夜，可这位美貌的卖鱼女却突然离世了。青年十分哀伤，第二天又请宾客到家中帮忙备办丧事。眼看着这花容月貌的大姑娘在短短一夜之间就命归黄泉，喜事成了丧事，大家想想都觉得难过。

下葬后，乡亲们劝小伙子想开些，不要太悲伤了。这时有位老僧慢慢走过来，在问明原因后，他用手中的锡杖掘开坟墓，大家刚刚还看到美貌少女葬入土中，此时眼前却赫然出现了一副黄金锁子骨。

"这卖鱼女本是观音菩萨化身的。她是来教化大家，让你们看破生死无常之事，善思因果轮回之理。"老僧说完就凭空飞走了。这个故事流传下来，成了许多画家、匠人绘画造像的主要题材，而这位卖鱼女也被唤做"马郎妇观音"。

慈悲利他是一种菩萨境界，不过我们倒也不必觉得这种境界太难达到，更不要把"自己做不到这样的境界"当成不肯行善的借口。如果我们能做到与他人同悲共苦，我们能对他人的善行生出欢喜心，那么，我们距离菩萨的境界便已经不遥远了。

世人一说起观世音菩萨，往往会先想到她"千处祈求千处现，苦海常做度人舟"的大悲精神。可这种大悲之心又岂是只有菩萨才具备？我们世间的每一个人，在内心最深处都有这样一种情怀，特别是当我们遭受到别人的欺凌、伤害与憎恨时，我们往往对"被伤害"这种滋味有更加清醒而深刻的认识。

这样的体认，使我们自心底生起一种与万物结为一体的感觉。当我们狂喜时，我们很难感受到别人的喜悦是什么东西，但是，当我们被侮辱、被伤害、被欺凌时，我们却会对更为弱小者产生深深的怜惜感。

菩萨与我们不同的是，他所要救助的对象不论强弱、不分贵贱，只要有人呼救，他就会出现。菩萨的慈悲没有分别，没有界限。

或许我们由于自身的条件所限，无法做到别人一有困难，我们就出现——毕竟，我们不是会腾云驾雾、七十二变的孙悟空。但人的心是不受时空限制的。这一点才是关键。

你的善念，会通过一言一行表露出来，善念是无法伪装出来的。只有同时具备智慧和慈悲的人，才能自如地运用自己的善念，去改变别人，也改变自己。从观音殿出来后，几个朋友便一直在探讨这个问题：这个世界上，是否真的有那种在生活中不断践行慈悲利他精神的人？如果有，那么他是如何坚持下来的？大家一人一语说个不停，可我倒觉得，在一脚踢开"我执"，认识到"众生与同一"之后，慈悲心便自然生出。

一切烦恼，皆是因"我"而起。如果没有"我"，那一切烦恼也将烟消云散。嗔恨、嫉妒、抱怨、愤怒，也是这样。我们不肯对他人慈悲，不肯用自己的善念去与别人相处，大抵也是因为自己心中的那份"我执"。

每次到不同的寺院，我都愿意在观音殿里多待一会儿，说不上什么原因，但是特别喜欢那种与菩萨像对视的感觉。没错，那就是一尊泥塑彩绘的像，或者是一块石头雕琢而成，或者是贵重金属铸造而成。不论是哪种材料，在没有经过匠人的双手之前，不过是一堆毫无生命力和艺术美的材质而已。直到匠人们用一颗灵心、一双巧手，按照心中的菩萨形象开始塑造时，真正的庄严才渐渐展现出来。

我在想，如果一个人没了智慧和慈悲，那么便与那些泥土、石块、金银铜铁没有什么不同了。菩萨像的慈悲，是因为匠人描画出了自己心中的慈悲；而我们心内的慈悲，并不需要别人来描画，我们自己就可以描画出来——当然，这得是在我们有了慈悲心之后，才可以将它呈现出来。刻意地描画，总是不如自然而然地做出来更好。一着刻意，便失去了自然。于是，慈悲也失去了本有的意义。

观音菩萨变化身形度脱众生的故事许许多多，不论故事里被度化的人是谁，不论故事的内容有怎样的不同，但结局都是一样的。这是不是也在告诉我们，不论采取什么法门来修行，我们最后要达到的地方，要实现的目的都是一致的？

慈悲救难与向善转念

人们的心灵，就好比是一块土壤，在这心田里有可能开出鲜花，结出果实；也有可能种植出庄稼，培育出香草。当然，长出个毒草野苗之类的也不是完全没有可能——如果你不懂得清理心中的垃圾，不知道清除内心的杂念，那么你心田中长出的毒草迟早有一天会把你内心的光明遮蔽住。

如果你滋养心田的养料全是慈悲正念，或者是豁达积极的念头，那么你的心田自然会开出快乐的花朵，结出智慧的果实。但是很遗憾，世间的一些人并不是这样去做的。他们对这个世界充满了愤怒，对社会充满了仇恨，他们口口声声说自己看不惯什么事情，但却又不肯用自己的言行来传达爱与美善的力量，反而把各种愤恨发泄到他人身上。

当人们遇到生活中的困苦时总喜欢高呼："慈悲救难的观世音菩萨，快来救我！"可当他们的内心世界难以安宁、不得自在的时候，又是怎么去做的呢？狂乱、抑郁、怨恨、咒骂，可唯独没有自省与自悟。当内心世界不够平静时，我们便很难真正地做到打开心门、迎接一切，更不要说是拥抱自己的生命了。

不知自省的人，直到生命沦陷的那一刻，也不能觉知到自己究竟犯了什么错误，为什么会遭受那许多苦难。而假如你有了足够的觉悟力，你就会明了，心头的烦恼与生活中的困境都是有先后次第的。从我们心头生起的每一个恶念开始，便会迅速地表现在行为上，而我们的行为又会对自己的生活与人生轨迹产生影响。这一连串的作用力最终又会反射到我们自己的身上。就好比我们把一块石头投入水中，这石块激起了水波，一圈圈荡漾开来，向四周扩散出去。

当然，良善的、美好的心念也是如此。只不过，善念反作用在我们身上的结果则是圆满而喜乐的。陷入逆境中的人如果足够警醒，能明白这个道理，那么他们就会立即停止咒骂与抱怨，如果能在第一时间发现心头的恶念生起，然后马上止息它、转变它，自然眼下的逆境也可迎刃而解。如果一个人一边呼号着、一声声地唤着"观世音菩萨救我"，然后又一边不断地生出恶念，那么他注定要继续沉沦下去，而得不到拯救与出离。

我相信佛菩萨的心中装着每一个凡人，我也感恩他们的慈悲愿力，可我总是觉得，与其在陷入困境时高呼"菩萨救命"，倒不如先从自己的心念上转变。慈悲救难是菩萨的愿力，向善转念却是我们每一个人都应该履践的修行。

向善，一方面是说我们应该在平时的生活、工作中让自己心灵趋向善意。这种善意不需要虚情假意的礼貌和客套，这种善意应该是发自内心，因为你看到了其他人的善，也看到了其他人与你一样都拥有的光明的心性。

别再想生活中某个人在某件事上对不起你，也不要计较你与别人之间存在的各种矛盾，放下"我的想法是完全正确的，他人的想法全是错误的"这样的绝对化念头。很多时候，我们看别人不顺心，难以对一些人生起真正的善意，全是因为我们对自我的固执，我们总是习惯性地认为他人都是自己的对手，他人的观念全是错误的、好笑的、不可思议的，唯有自己，才永远是对的。这种偏执害得我们听不进去别人那与自己相左的看法，听不进去别人因好心而提出的建议，也害得我们把善性之光隐藏在善妒好争的外表之下。

同时，我们也要相信这个世界终究是美的，是善的，不管我们经历了多少辛酸，也不论我们受到过多少不公，请一定要相信，每个人的心性是圆满美善的，用这样的心去看世界，自己的人生境遇也将趋向一种圆满的结果。

还记得多年前看到过这样一句话："只有用心观照才能看得正确，生命的精髓不是肉眼可以见到的。"这句话出自《小王子》的作者圣·埃克苏佩里。我并没有细细地读过这本书，但这丝毫不影响我对这句话的认同。用一颗善心观照世界，你将发现这个世界无处不美好，用一颗喜悦的心去观照生活，你的生活里也便充满了全然的喜悦。多少人都在说希望自己的人生能有更多的精彩，可是，这种精彩或者快乐，是把充满慈悲与喜悦的心投射到生活中才能获得的。这种心灵的修炼其实从孩提时代就应该开始。因为那个时候，人们的心灵还没有受到外部世界的染污，他们思想单纯，所以也更容易接近一种极致的幸福感。

入得凡俗，出得红尘

　　说起观音菩萨，人们立刻就会在脑海中浮现出那位身披白衣、手持玉净瓶、面容慈祥、略带微笑的女性形象。其实，观音菩萨的化身很多，比如鱼篮观音、水月观音、杨柳观音、滴水观音等等，佛经上说观音菩萨以慈悲心故，有三十三种化身，众生要以何种身被她度化，观音菩萨就会显何种身来救度众生。

　　在藏传佛教造像中，有一种"四臂观音"，她经常出现在雕塑或唐卡上。四臂观音通常呈现出两种截然不同的相状，一种是寂静相，一种是忿怒相。自然，不同的相状代表了不同的意义，有着不同的表法内涵。

　　呈寂静相的四臂观音通身为白色，皎洁如月光，给人一种清净、温柔的端庄感。黑发在头顶结成一个发髻。他头戴宝冠花蔓，身上佩戴着璎珞宝珠等各种装饰，面相饱满又温和。看他细眉弯曲如画，我们就能想见他的心底该有多温柔、多慈悲。他能够容得下天下一切众生，愿意不辞疲惫地度化世人。哪怕是历经千劫万劫，他也不会舍弃谁。不论这个人犯下多大的罪过，也不分贵贱贤愚，只要他能发现这个人内心那么一点点的善良，他都愿意不辞辛苦地来救度。

在一莲花月轮之上，四臂观音双腿结跏趺坐，两只主臂放在胸前合掌结印，略微打开的手掌上还捧着一颗摩尼宝珠。另两只手，一只手中持一水晶念珠，一只手则拈有八瓣白色莲花。一双慧眼含笑，凝视着六道众生，你或许只需要与那双眼睛对视一下，只一刹那，便可解脱。观音身上所着天衣全用花蔓装饰，身上发出彩光，如同旭日照耀着人间，显得既庄严又美观，这种力量很柔，很美，让人乐于亲近，也给人带来温暖祥和。

呈寂静相的四臂观音不论是其造型姿态，还是手中所持法器，均有不同的象征含义。那四只手臂表示佛家的"四无量心"，即慈悲喜舍；白色身体则告诉我们："众生的自性原本清净无垢，不染尘杂，一切烦恼与障碍都不会阻挡我们的觉性智慧。"菩萨头上所戴的五佛宝冠象征着五种佛的智慧，五色天衣则象征着五方佛，黑色发髻代表本心不染。结跏趺坐表达着不住于生死，而手结双印则表示不住涅槃。在佛家看来，不论是生死轮回还是涅槃寂静，其实无非于一心之中可得，不做分别妄想，不做执著挂碍。于一切事相中保持内心的清明，自然是一种大自在大快乐的境界。可这种生命状态极其不易得到，正因其不易得而愈发显得难能可贵。可即便如此，也不应该对其生出一分执著之心来。一旦执著，那快乐便着了魔，那自在也不再是自在，而成为了阻挡我们继续提升自己内在生命的障碍。

四臂观音前面的一双手臂合掌放于胸前，这种姿势告诉人们的是，智慧与方便相合一。对于修行者来说，智慧与方便并不是分别开来修学的，而应该互相摄持，在方便之下积累智慧资粮，在智慧之下修习方便资粮。这便是密宗中双运的教理。

明眼人还能看到在四臂观音的另两只手中持有不同法物，左手的莲花象征清净祥和、没有烦恼，右手所持的是水晶念珠，据说观音菩萨每拨动一颗珠子，就会救度世间的一个人出离苦海，让他得到心灵的解脱。

　　清净安宁，这是一种至高的人生境界，也是一种圆满的心理状态。佛家说清净，可这清净也并不是要我们远离人间，不要接触凡尘杂务。有些人往往说自己在生活中烦心事太多，总是不能得到片刻的清净安宁，于是向往能找到一个真正安静的地方，在这里修行身心。可若是这样的修行，恐怕最终也不能得到什么结果。真正的修行在红尘，在人间。真正的修行者，他们知道，有修为，人间便是天堂，这天堂不是在死后才能进入，而是在当下就可拥有。

　　或许你会觉得，菩萨身后所绘的背景美则美矣，但过于让人眼花。那么就去看看菩萨的双眼吧，看那眼中流露的慈悲与智慧，你的心，会因此而得以安宁。

　　我想，正是因为他心中的大慈大悲，才使他的外表如此平和宁静，让人欢喜、亲近，世间众生内心深处的慈悲也正是被这种平和的外表所唤醒。来到他面前忏悔过去罪过的人，有之；带着供品到他面前还愿的人，有之；既不发愿也无所求，只是为了望一眼他，感受一下那种慈悲力量的人，更是难以计数。

　　呈忿怒相的四臂观音通身蓝色，共有四个头颅，分为两层，下面有三颗头颅，而上面则有一颗。这四颗头颅颜色各异，最上端的为灰色，下层中间的头颅为蓝色，左边的为红色，右边的则是白色。在四只手上，分别持有月刀、头盖骨做的碗、水瓶、匕首等物。不仅这些器物看起来可怖，四臂观音那忿怒的面孔也令人望而生畏。可是，很多信徒并不觉得胆寒，反而能由衷地感觉到一种安全。是啊，世间万事万物都是无常的，时刻在变化，没有什么事情能彻底保持不变。而我们始终是害怕变化的，因为我们不能预计这变化对自己有益还是有害。我们太需要有一种什么力量来保护自己了。

于是，信徒选择了祈求佛菩萨来保佑，因为他们始终相信，不管佛菩萨的相状有多么奇特，手中的法器有多么骇人，至少，佛菩萨的内心始终是柔和慈悲的。

其实，不管外部世界如何变化，哪怕是呈现出一种对自己不利的局面，我们也该相信，自己的生命之花始终都是怒放的，自己的生命始终都是在自己的心念之中不断得到滋养的——只是要看这心念如何了，内部的力量往往能给外部境遇注入一种影响力，不管你信或者不信。

在寺院中我们也经常能看到千手千眼观音造像，通常这种造像都十分高大，需要我们仰起头来观望。可是，我们始终难以看清楚这高大造像的面庞，以至于我们始终有一种错觉，自己与佛菩萨、尘世与彼岸总是相距得那么遥远，难以企及。

根据藏密的说法，观音有六种，即马头观音、千手千眼观音、圣观音、十一面观音、准提观音、如意轮观音，这六种观音分别度脱六道众生。在一些寺院里，千手观音与十一面观音组合成为一尊的造像也十分常见。

我们先来说说比较熟悉的千手千眼观音，这种观音在天台宗里被称作"大悲观音"。据说，在久远劫前，观音菩萨看到人间痛苦甚感难过，于是在佛陀面前发下誓愿，要度尽天下所有的苦难众生。为了能更好地度脱众生，他把自己的身体化成四十二个部分，每一个部分又成为一尊观音。但是，这世间的疾苦真多啊，冥顽不灵的众生也真多啊，以至于观音菩萨根本应付不过来。后来，阿弥陀佛对他说，倒不如把身体合为一个整体，只留下四十二只手臂，在每一只手的掌心中长出一只眼睛，这样就能看到世间众生更多的疾苦，同时也有更多的手臂能够扶持众生。

还有一则传说故事，与这个十分相似。在遥远的过去——当然，我们已经不能知晓这是在什么时候了，总之是很遥远的过去——观音菩萨随千光王静住如来修行。他闻听了如来所讲佛法后随即发下誓愿，要让六道中的一切众生都能得到安乐，让他们出离苦海，永生善道。可是，这度脱众生的工作实在太难太难了，他花了那么多的时间——多到我们难以计数，也难以相信，可是后来他发现，自己做了那么多努力，六道众生的苦痛竟然丝毫没有减少。

不难想到，这是一件多么使人感觉受挫的事情啊。观音菩萨开始怀疑自己的力量，悲观地认为自己的智慧和力量都太微弱。因这一念悲叹，他的身体倾时四分五裂。这种痛苦，我们是无法体会的，因为世人难以有如此深大的誓愿，更是很少有机会经历这种坚定的信念被自己怀疑时的痛苦。

但是，观音菩萨心中残留的那一点信念到底还是起了作用。正是因为这一点信念，观音菩萨碎裂的身体不仅复原了，而且还生出了一千只手臂，每一只手心中间都有一只眼睛。此时的观音菩萨在被十方诸佛摩顶之后再次发出誓愿，将为世间无量众生做大福利，千只手臂用以护持众生，千只眼睛用来观察六道各个角落，看哪里有众生需要救度，便尽全力使其得以安乐。

在雕像和绘画上，完全表现出千只手臂、千双眼睛的作品并不是很多见，最常见的是用四十二只手臂代替那千只手臂。在手中还有各种器物，比如莲花、如意宝珠、锡杖、经书、宝镜等等，每一种器物自然也有各自的寓意。

在藏密中还有一种观音菩萨，名为十一面观音，顾名思义，这位观音菩萨有着十一张面孔。在大乘佛教里，菩萨修行有十个阶位，这称为"十地"，十一面观音象征着观音菩萨在修完十地果位之后功德圆满，可到达第十一地，这正是佛的果位。

一般来说，十一面观音前三面的相貌慈悲而温和，这是观音菩萨见到那些心怀善念、身做善事的众生而生出的欢喜、慈爱之相；左边三面呈现出忿怒相，这是菩萨在见到恶行、恶念之人时因为慈悲他的罪过而生出的救苦离难之相；右边三面是白牙上出相，是观音菩萨见到众生所行净业三福时发出无比的赞叹；脑后的一面为爆笑相，这是菩萨为了劝导那些怀恶众生而做出的怪笑，目的是劝其弃恶从善；头顶上的一面为佛面。十一面观音多为四只手臂，一只手结施无畏印，其余三只手中分别持有佛珠、莲花、宝瓶。

这些形象复杂、面容奇特的观音造像都是藏密中所特有，其象征意味十分浓厚，但不论是如何表法，无非都是苦口婆心地向众生劝说着"人身难得，何不珍惜宝贵的光阴好好修行；佛法难闻，可不能纵情欢乐而让无明遮蔽了心性上智慧的光芒。"

如果不是走进山门，一步步地走到观音殿前，用心去感受菩萨造像中所流露出的庄严安然，以及难以言说的平和，恐怕我们

对这位以慈爱而著称的大菩萨的认识还仅仅停留在民间所流传的"凡所希求，无比灵验"的故事当中。

当我们心中还有所求时，终究还是因为我们自己看不破、放不下，即便观音菩萨法力无边，能够满足众生的正当愿望，可心灵的修行之路，注定要比求得世间荣华富贵、功名利禄更来得踏实而舒坦，这种坦然感觉也只有修行者自己才能体悟到。

在我们当下所处的这个社会，随处可见的是忙乱与喧嚣，我们在熙熙攘攘之中经常弄丢了自己。我们总是以世俗所需要的模样表现出来，这样活得很累，也很没质量。我们追求自由地生活，做自己本来的样子，可能你会觉得这样做与这个不用心计就无法存活的社会是如此地格格不入。可是我们为何不仔细想想，是按照自己喜欢的样子来活更好，还是要按照众人眼里喜欢的样子去做人更好？

其实，对于这个问题倒没有必要过于纠结，也很难做出一个绝对的定论。不管是观音菩萨，还是其他的佛菩萨，不都是根据众生的需要而变化着身形吗？虽然他们的身形在变化，可那颗慈悲智慧的心灵却未曾改变。

　　修行者，应该既能入得了凡俗，又出得了红尘，不在众生眼中显得突兀，也不会为了讨喜而随波逐流。不论他从事什么职业，有何种兴趣爱好，他都始终是他自己，那一颗充满喜悦的心也一样不会被凡尘琐事所淹没。

泉州开元寺：历朝历代的观音造像

说起泉州，人们首先想到的便是它曾作为古代海上丝绸之路的起点，有着十分重要的历史地位。不过，现在我们要说的并不是它丰富的物产、悠久的历史，而是追随着自己的本心，来到开元寺，从这里卸下旅程的疲惫，从这里清除满心的烦愁。

这座开元寺建于唐武后垂拱二年，距今已有一千三百余年的历史了。在鼎盛时期，这里的僧众达千人之多。

在十多年前，开元寺曾对大雄宝殿内的五方佛像进行重修。出人意料的是，在佛像底座竟然被人找出许多石雕佛像。更令人啧啧称奇的是，在大佛像的肚子里取出一尊木雕佛像，后经鉴定，认为是明朝所造。

但是，这些雕像为何要藏起来呢？是因为雕像上有什么特殊标志，可以给后人提供一种暗示？还是这些雕像隐藏了什么秘密，不可以让他人知晓？我想我还是暂且打住吧，不然，这谜团就该把我们的思绪带到千百年前了，无论如何猜测，终究也猜不出个结果。

在这些精美绝伦、造型鲜活如生的艺术珍品中，出现频率最高的要算是观音大士的造像了，而且这些造像，出自于不同年代，其中不仅有女性观音造像，还有男性观音造像。

唐代带有胡须的观音大士雕像，其材质为辉绿岩，他安详地端坐着，头戴佛冠，胡须呈曲状，衣服上有华丽的装饰图案，腰带部位有一法轮，右手手腕已缺失，但仍透露出庄严相。此为少见的男性观音造像。

还有一尊印度风格的男性观音造像，刻于北宋至和年间。据说，这尊雕像的原产地是国外，后经过船运才来到泉州。这尊观音造像用花岗岩雕刻而成，造像两足交叉，挺身而坐，头戴佛冠，冠上还有阿弥陀佛像，身披袈裟，披挂璎珞，身后有一圆形护光屏。

再看另一尊女性观音石像，这是五代时期的作品，这尊观音面庞丰满如圆月，眉眼处的慈祥可亲使人看后便觉得心中很暖。她体态端庄，不落凡尘，双手手心向上、交互相叠放置在腰间。虽然石像上有许多明显的裂纹和损伤，但五代时期的观音造像在泉州可是仅此一尊，其价值之高也可见一斑。

此外，特别值得一提的是一尊刻于明代的千手千眼观音立像。此像头戴宝冠，两手合十，足踏莲座，为男性观音造像。在其身体两侧各有五百只手，形似孔雀开屏，庄严美观而又大气，在张开的掌心中间刻有一个小圆点，象征着眼睛。

1997年，于泉州开元寺挖出的这些造像中，不仅有各个不同历史时期的观音造像，还有释迦牟尼坐像、阿弥陀佛坐像、六祖慧能大师坐像、泗州佛雕像、达摩祖师坐像等等，这些佛像都是不同时期的作品，所体现出的风格自然大不相同。可无论风格如何变化，雕刻工艺如何不同，我们都能从佛菩萨的造像之中看到一种别样的力量。这种力量可以使人浮躁的内心只在瞬时间就回复平静，洗去铅华，脱下世俗的伪装，回归真纯，给自己一脉天真。这种力量，也可以使原本充斥满怀的怒火顿时消散，融解于无形。

这样慈悲而朴素的力量，永远比争伐杀戮来得更动人心魄，以至于时间过去了百年、千年，这种力量依然在盛开，在怒放，把慈悲和善意播撒到众生心中。

【第八章】

真的勇士敢于战胜自己

　　一个真正的修行者，他必定是孤独的，但他不会在漫漫的人生道路上觉得孤苦无依，更不会因为平常人难以忍受的寂寞而改变自己的初心。在人生的舞台上，不论我们扮演着什么样的角色，我们最终都是要回归到自己的内心之中。唯有真的勇士，他们对自己、对世界的洞察才更深刻，才真正敢面对自己，而不是选择在烦恼、痛苦面前不断逃避——唯有不逃避，才能铸就真正强大的自己。

初春时节的法源寺

五百罗汉，孤独的行者

"罗汉"这一概念在印度就已经形成了，但是罗汉信仰却形成于中国。唐代高僧玄奘法师曾翻译过一部《法住记》，这里倒是对罗汉的名号、属性有了定位，自此之后，罗汉信仰开始进入鼎盛时期。关于五百罗汉的传说，版本有很多，他们的身世也成为人们探讨的一个焦点。有人说"五百"是个虚数，极言其多而已；有人说历史上的罗汉岂止有五百位？有了一定证悟境界的都可以算是罗汉了，而寺院里经常见到的十八罗汉也好，五百罗汉也罢，都不过是一个典型代表罢了。

在一些寺院的大殿里，我们总能看到有许多比丘造像，这些比丘造像神态各异，相貌也各不相同，他们之中有长眉瘦脸的，有善目慈眉的，有面容狰狞、呈忿怒状的，还有的表现出一副悠然自得、与世无争的样子。

不过有些朋友恐怕要有疑问了：这小小的庙堂，与真人大小无别的造像，怎的就能有五百之多？这能放得下吗？

在许多寺院里供奉的五百罗汉，普遍被认为是佛陀灭度后第一次参加佛经结集的五百位比丘，也有一种说法是五百位跟随释迦牟尼学法传道的修行者。不过，在任何一部佛经中都没有记载过这五百位罗汉的名字，所谓"五百"只是言其数量之多而已。其实，五百罗汉是从十八罗汉发展而来，十八罗汉又是由最初的十六罗汉增加而来。

罗汉，即是阿罗汉的简称，是佛陀得道弟子所能修证的最高果位——当然，这是在部派佛教时期。到了大乘佛教时期，人们所能修证的最高果位不再是罗汉，而是菩萨果、佛果。

不过，能修证到罗汉果位也已经实在难得了，能在这一世里修得身心六根清净，断除无明烦恼，这又该是历尽多少磨难才能成就的啊？在这条修行的旅程中，他们注定是孤独的，因为世间很少有人能够理解、体会到他们对心灵解脱的渴求，对无上智慧的向往。可这个世界原本也是"孤独"的，我们拥有的财富不能随身带走，我们费尽心思争取到的地位也会随着我们身形的消亡而不在，甚至地位与财富的丧失还在生命消亡之前。那么，陪伴我们数十年的亲人爱侣呢？有了他们就不会孤独吗？答案是否定的！我们的亲人爱侣和我们一样，也会因疾病、意外和自然规律而归于永恒的寂灭。到头来，能够陪伴我们自己的，就只有我们自己了。

如果想明白了，你会发现这种孤独也不是一点好处没有的。正是因为有了这样的孤独感，我们才会向内心深处寻找另一个世界，而不是在乱糟糟的尘世间来回打转。有了这种孤独感，你会在某一天的某个时刻豁然发觉，原来我们所处的这个世界不过是一场幻觉而已——所有的一切都在瞬息变化之中，不论是存在银行里的钱，还是锁在保险柜里的珠宝，丝毫不能挽回已经过去的时光。有人为了一场幻觉而仇恨、痛苦。有人拼命要得到对外界事物的掌控权，结果不但没有丝毫收获，反而徒增许多烦恼。

人们为了梦幻中的事情而烦恼，这听起来很是有意思。但千真万确的是，我们天天就是这样度过的！可也有那么一些人，他们觉知到世界上万物的存在不过是一个过程，乃至宇宙也是如此，从来都是有生有灭，而不是永恒不变的；他们也能觉知到，把自己本该自由空灵的心寄托到容易变化的事物上，用转眼就不存在的事物做心灵的安慰，这是一种多么可笑的行为！

可是，觉知到这个道理还不是最终的目的，关键是如何让自己的心灵安顿下来。禅宗史上有"慧可安心"的故事，慧可能够"安心"，那是因为他遇见了菩提达摩。可对于我们现代人来说，到哪里去找那么多的明师呢？

还是学着自己给自己安心吧。尽管我们在人生的修行路上十分需要明师的指点，但这也是随缘随机的，万不可以此作为一种执著和期盼。我不知道那五百罗汉是如何熬得过寂寞，斗得过心魔的，可到底，他们是做到了。如果我们悟到了那样一种觉性，那么无论我们是工作、读书，还是忙着个人的生活，做着任何一件事，都能观想到"不执著"、体察到"无分别"，那我们不管置身何地都会心存安然，尘世与净土也全在一心间，无所谓出离不出离，也无所谓解脱不解脱。因为我们本身就没有任何缠缚，本来就没有什么挂碍。

看看世间众生，谁都不愿意受苦，谁都巴望着脱离苦海、趋向乐土。可是，我们又在不停地制造恶因、苦因。于喧嚣繁华之中，人们在享乐中沉溺，总是嘴上说着"人生苦短，须得尽欢才好"。而那些不愿意就此糊涂一生的人们，则远远地观望着狂欢着的世人。尚在温柔乡中缠绵的人，还在美酒美食中大吃大喝的人，为了金钱不择手段的人，他们都在嘿嘿发笑，他们会说："瞧啊，那些人多有意思！他们竟然不喜欢金钱、美色、权势和名利。"可是，这些惯会嘲笑别人的家伙，他们也有后悔的时候。等到他们尝够了自己制造的苦果，才会真心羡慕起那些孤独而清醒的修行者。

当然，直到尝尽苦果还依然执迷不悟的也大有人在。

五百罗汉，他们注定是孤独的修行者。世间的人们都只顾得自己寻欢作乐，却不知道宝贵的年华过去就不会回来，造下的恶业转眼就成为对自己和他人的伤害。可是即便孤独又能如何？灵心一闪，觉悟顿开，整个人生都已经不同昨日，整个生命都被点燃，这样的感觉自然不能被那些只知道玩乐的人所体会。

只顾低头走自己的路吧，何必在意旁人对你的唠唠叨叨！从姿态各异的罗汉像前离开，我觉得他们不再是孤独的了，因为已经有更多的人踏上了与他们一样的人生修行路。

罗汉息心，尊者杀贼

对于这世间的每一个人来说，不论他们有怎样的追求，或者获得如何了不起的成就，恐怕能做到"息心"、"杀贼"的人并不算多。

息心，不是要我们对生活中的一切都麻木不仁，亦不是让我们对痛苦或快乐都无动于衷，更不是让我们放弃一切，不作努力。息心不仅是要勤修善法，灭一切恶行，止息自己过度的欲望和不善的念头，更是要让自己的心心念念都处于一种清净无瑕、光明向上的状态之中。

听起来，这或许很像一堂人生励志课。但是，你有没有想过，平日里心灵那么累，那么沉重，早就应该给它一些时间，让它自我净化、卸下多余的负累，然后再次饱满地回归，再带着我们于尘世之间修行、探索。待心灵再次疲累，就再来一次自我净化。如是，便是在人间不住地修行，岁岁年年，总有那么一天，心中莲花遍开，脸上笑容明媚。

杀贼，杀贼，当然不是去杀活生生的贼人，而是要将心中的杂念烦恼、分别妄想如同对待贼人一样，把它们一一剿灭。当它们出现在心头时，不要说："我先去观察一下它，分析一下它，看看这个分别妄想是个什么东西。"而是要一棒子打杀了它，听到"打杀"二字你一定会觉得这是一场异常残酷的斗争，其实远没有你想象的那么纠结。杀贼，便是要提起正念，以正念作为武器，杀破心中的烦恼、分别、妄想。

在每个人的心上，总会有浮躁困扰的时候，也总会有平静喜悦的时候。我们总是还来不及看清楚自己心上的烦恼或喜悦，马上就被其他的烦恼或者喜悦所搅扰。所以，莫要因心头的烦恼、焦虑而坐卧不宁，因为它们在不断变化，迟早也会散去。同时，也莫要太执著内心的喜悦和开怀，它们同样是由各种因缘条件聚合而成，与焦虑、烦恼一样，也不是永恒常存的，而是刹那间就在不断变化着的。

不论我们如何修行，是在旅途中觉悟自心，还是通过学习古往今来哲人的智慧来启迪自己，我们都应该明了的是，心灵的修持是人生修行路上头等重要的一件事。或者说，修行也是在修炼自己的心。

诚然，修行是为了对治贪嗔痴，减少我们本性中过多的欲望，但修行并不是要我们"对抗"欲望，而是化解它——在观想到自己的一切欲望无非是因变化无常、虚幻不实的外境生起之后，自然而然地会减少对外境的渴求和执著。

不要对抗！永远都不要对抗，不论是面对他人，还是面对自己的欲望、恐惧，还是其他的什么负面情绪。对于心灵的修习，无非是为了让自己更加自由，这样的自由，不需要通过苦行来得到，内心宽坦任运即是自由。

不过，在走进山门的那一刻，我也差点以为这会是一趟充满艰辛的旅程。从山门开始，带着对自由的向往、对智慧的觉悟，一步一步地来到天王殿、大雄宝殿，然后是伽蓝殿、地藏殿、祖师殿这些偏殿。从见到哼哈二将开始，一直走到四大天王的面前，走到弥勒佛、观世音、三世佛、地藏菩萨、伽蓝菩萨以及各位罗汉、祖师的面前，我没有觉得劳顿，反而还感觉卸下了一身的疲惫和满心的负累。

这一趟行程下来，我想我的心灵会比以往更加自由，所以，我希望各位也能如此。并非说只有来到寺院，了解一下佛像之表法、感受一下祖师之威望，对着花花草草发一通感慨，望望寺院里的什么建筑，然后说声"这里的历史很悠远"就能获得心灵的自由。心灵的自由是没有条件的。可我们只有在真正觉悟之后才能做到如此。在这之前，我们还需要通过一些法门、通过一些事物来不断地觉悟。而不管是什么法门，或者多么神圣的事物，都不能脱开生活。修行本来就在生活之中。尽管寺院多数修在山中，可它未必就能全然清净。但看每个月的初一、十五，寺院里那蹿着火舌的香炉，那高耸冲天的佛香，我们便能想到，人啊，对于自己生活的改变是多么迫切！可他们寻错了对象。自己的生活只能自己去改变，自己的人生也只能靠自己掌握。求佛做什么用？佛能用一颗慈心为我们指点迷津，可到头来，如何去做，可全在我们自己！

可能你会觉得，生活中束缚自心的东西太多，于是你选择了全面的排斥和对抗。可是，真正束缚你自己的绝不是什么外物。比如说，你觉得爱情不好，因为爱情害得人们悲喜交加。可是如果你觉察到爱情无非是因缘凑合的现象，也会随时生起变化，你自然不会过分地执著，你也不会因为执著而受尽情伤，或是为了满足情欲而伤害别人。

爱也是一种自由。当然，你只有得当地去爱一个人，这样才好。当我执渐渐减少，你会发现，世界上的一切事物都不过是帮助我们觉悟智慧、趋向真善的道具而已。所以，修行者不会对常人所谓的逆境违缘心生咒骂，说不定他们还会由衷地感谢自己生命中出现的逆境和违缘。

你可以说自己不想做什么罗汉，也不想做什么尊者。这很好，说明你并没有对这些名相产生贪求。但是，最普通的人，他们其实也是修行者，只不过采用的方法、踏上的途径不一样而已。修行调心，这是再寻常不过的事情了，确实没什么必要对其抱有神秘感。好比你前天出去游玩，那也是一种修行。因为你在游玩的过程中不断产生感悟，你曾因为高速路上堵车严重而产生深重的憎恨，但马上又因为同伴的关怀或者其他什么人给你的一句良言而化解了心头的怨恨。

或者，你在工作时将一切处理得十分顺利，但你的同事却遇到了很多难题。也许这个同事与你发生过矛盾，你心里还记着他说的那些过头话。可你还是走过去，帮助了他。在两个人的相对一笑中，你们又成了职场上的伙伴。

看，这便是修行。它一点儿也不难，它就发生在我们的生活之中，而不是在大山深处，或者某一个远离人间的地方。虽说人间不过是剧场，我们每天都在上演着自编自导的戏，可修行却是千真万确的，正如同我们所处的世界正在悄无声息地不断变化着一样。

当心头的妄念已经止息，当欲望的控制已经摆脱，我们心灵上的枷锁也被截断。抬头望一眼万里无云天，油绿的枝叶间还透出一抹微蓝。当我们的心灵真正醒来的时候，生命也因此而与以往不同。世间万般好，唯有安心难。人生起落沉浮如何？命运坎坷多舛又怎样？我自禅心一颗，笑看人世风波。熄灭了欲念、止息了挂牵，人生何处不是碧海蓝天？

灵隐寺：形象生动的五百罗汉

在许许多多寺庙，都有罗汉造像，也许不是五百位，但至少也会是十六位或者十八位。可是，有这样一个寺院，这里的罗汉造像特别值得一提，这便是杭州灵隐寺。聪明的你当然会记得，这座寺庙经常出现在影视文学作品和民间传说中。

灵隐寺的五百罗汉堂自明代起就已经存在了，并一度成为人们来灵隐寺朝拜的重点关注对象，之后便在战乱中被毁坏。清代初期重新修建的罗汉堂很是有名，不过我们现在见到的罗汉堂是现代重修的。

就目前来说，灵隐寺的罗汉堂应是国内规模最大的一座了。听住在寺院附近的朋友说，这座罗汉堂从平面上看呈"卍"字，表明心生万法，同时也表明佛陀的无限智慧和慈悲，大家普遍认为这种特殊意义的符号也是吉祥圆满的象征。

进到罗汉堂里面，你会发现在大堂中央有一座铜殿，它表现的主题是佛教四大名山，即五台山、峨眉山、普陀山和九华山，这四大名山分别是文殊菩萨、普贤菩萨、观音菩萨和地藏菩萨的道场，这四位大菩萨又分别代表着大智、大行、大悲和大愿，因此总有很多信众把这四座名山列入到自己的旅行计划中。

可人生时间实在有限，当你忙碌时，你在想：哎呀，我怎么还没挨到放假的时候呢？我怎么才能攒下钱去实现自己游遍四大道场的夙愿呢？当你真的迎来了期待已久的假期，你又会被很多事务缠住了身，或者迷住了心，比如你手头资金不够，比如你有许多人情债要还，比如你要宅在家里收拾房间，或者继续加班。不过，不管你是真忙碌还是假忙碌，是真虔诚还是假恭敬，这都没什么。来到灵隐寺的罗汉堂，一切问题分分钟就能得到解决。

这座体现着四大名山主题的铜殿造型十分精致，每一个细节都做得那么到位。有人说这座铜殿把四位大菩萨的慈悲行愿都浓缩在其中，对于这番评论，我表示十分赞同。从整体上看，这座铜殿气势磅礴，精美非凡，确实恍惚之间有一种感觉，自己被带进了一个远离俗尘的清净国土之中。

不过，这座铜殿可一点儿也没有远离人间，它已经被列入吉尼斯世界纪录之中。一位朋友说他感觉很是扫兴，因为他觉得佛教本应该是与世无争的，怎么还能列入到吉尼斯纪录中呢？这与佛门清净无争的说法很不一致嘛！

不过，我倒觉得这是件好事，正因为这座铜殿有了名气，才吸引人们来到它面前，说不定就会有人因为一睹它的气势和风姿而走近佛法，接受佛法。至少对于我自己来说，我确实被眼前的景象所深深地触动了。竟然还会莫名地感动起来，这与它所表现出的精美或气势无关，我的感动是因为匠人们都有一颗菩萨心肠，若不然，断不会造出这样震撼人心的作品来。

接着来说一下真正的"主角"，罗汉殿里的罗汉们。虽然这些罗汉造像都是近些年新塑成的，但他们的造型姿态着实值得一说。刚进到罗汉殿时，还真是被眼前的这些罗汉造像惊了一下，其实，在许多其他寺院也有罗汉造像，而且有的寺院里的罗汉造像还有着比较悠久的历史，可灵隐寺这里的罗汉像表情传神，姿态万千，目测一下这些罗汉像的高度，大约有两米左右。人站在这些高高大大的罗汉面前，顿时有一种崇敬感从心底油然而生，可这种崇敬之中，有多少应该归于塑造这些罗汉像的匠人呢？

这些罗汉的表情是那么生动，以至于你在看着他们时，会不由自主地表现出自己的情绪。看到笑容满面的那个，你可能也会露出一抹微笑；看到神态安详、悠然自得的那个，你也许会把一年之中的烦恼事儿全部抛到九霄云外。这些罗汉并不是全都那么神态祥和、表情安然，偶尔地，你也会看到满脸怒气的罗汉，看他那架势似乎是要去与人寻仇，不过更多的可能则是他要降伏邪魔外道。

走在灵隐寺的罗汉堂里，按着顺序去看这些罗汉像，你一定觉得很有意思。看看这位的表情，再瞧瞧那位的眉眼，你会想如果在平时与人们交往也能如此轻松自在，那该有多好。确实，如果我们平时不做分别、不带妄想地与人交往，自然也就不会有那许多烦心事儿了。

来一趟寺院，便是一次心灵旅行，如果不能让自己有所觉悟、有所收获，那么至少也不要再给自己的心灵添上包袱了。当你觉得，来寺院里不过就是烧香许愿，那你心灵上的负累自然更加沉重。因为你总会惦记着自己的希求，你不时地还在想着："哎呀，这里的菩萨也不知道灵验不灵验，能不能满足我的心愿。"有了这样的念头，你怎能活得不累？

看看那些端坐的罗汉，我猜他们心中也有愿望，只不过他们的愿望与我们的不一样。心下怀着众生，他们的心愿必定广大，必定不会为了自己的私利而存在各种纠结、各种计较。心大与不大，从这一点上便已然分辨出来。

第九章

一病一味药，同归清净身

　　祖师殿主要是供奉僧宝的地方，因为他们兴建道场、广行度化，自然值得人们追思，所以建造殿堂以为怀念，也表示后人的敬仰。这些祖师们修行经历不同，所传法门亦是如此。可不管他们归属于哪门哪派，所传法门有着怎样的不同，说到底，不过是应机教化，对症下药而已。"一病一味药，同归清净身"，说的就是这个道理。祖师再怎么用心，修行也要靠自身。所以啊，人们最怕有惰性，一有了惰性，便把心灵的安宁、人生的快乐全部寄托在外界，殊不知，修行就在生活之中，而生活的主角却是每个人自己。

静

修行靠自身

在一些寺庙里，不仅供奉着诸佛菩萨、金刚天王，而且还供奉着佛教宗派中的一些祖师，祖师殿里所供奉的僧宝大多是开辟道场或者复兴道场的大德。作为大雄宝殿的配殿，祖师殿与伽蓝殿东西相对。对于禅宗寺院来说，于大雄宝殿西侧设祖师殿是最为常见的一种布局，其实在其他宗派的寺院中往往也能见到这样的布局。

不同的寺院，所供奉的祖师也不相同，因为他们各自隶属于不同的宗派传承，所以，在禅宗寺院里多能见到禅宗中土初祖菩提达摩的造像，而在达摩祖师的左方则是六祖慧能大师，右方是慧能的三传弟子百丈怀海禅师，这两位禅师一位将禅宗"顿悟成佛"的理念发扬光大，一位建立了影响禅林千百年的丛林制度。也有些禅宗寺庙里供奉着禅宗中土六位祖师，即初祖达摩、二祖慧可、三祖僧璨、四祖道信、五祖弘忍、六祖慧能。而净土宗寺院所供奉的多为净土宗大师，例如北方佛教的发祥地——北京红螺寺内就供奉着净土宗第十二代祖师际醒祖师和第十三代祖师印光大师。

虽然在不同宗派的寺院里所供奉的祖师像并不相同，可其实佛门之内是没有门户高低之分的。正所谓"一病一味药，同归清净身"，即便修行法门不同，宗派见解不同，但总还是殊途而同归，不同的修行法门也只不过是针对不同根器的修行者罢了，这其中没有什么高下之别，所以真正的修行者又何必执著于门户之见呢？

即便不同根器的修行者所选择的道路有所差异，可到底还是为了还内心以清净，开悟智慧，度脱众生，让自己活得自由，也让他人活得幸福。路不一样，选择哪种交通工具也是随自己的爱好，可到底大家要到达的目的地总还是一致的，所以，争执个什么劲儿？《金刚经》里说得好，"诸法平等，无有高下"，即便不是同一宗派，供奉别宗祖师造像，这也在情理之中。

在天津著名的古刹大悲禅院，就有弘一法师纪念堂和玄奘法师（法相唯识宗的创始人）纪念堂。

来到大悲殿西侧偏室，便可看到弘一法师纪念堂，门前挂有一块金字匾额，乃是龚望老居士所书。"弘一法师纪念堂"七个字以汉隶书写，那种浑厚深沉的感觉与弘一法师飘逸随性的性情似乎不太搭配。不过再仔细地去看，反而觉得正是因字体的浑厚沉稳，凸显出弘一法师深厚的佛学素养。

纪念堂内有徐悲鸿先生所画的肖像画仿制品，画像前为一桌案，上面供有弘一法师的铜像，他盘腿而坐，表情蔼然，安逸而慈祥，莫说人间看不到真佛，现如今眼前看到的这位就是——虽然那只是一尊铜像。

这里除了有今人所作的传记、年谱、诗词文章等，还有许多文献资料，尽管是影印件，但也十分可贵，每天来这里瞻仰怀念弘一法师的人为数并不少。

在大悲殿右侧，与弘一法师纪念堂相对的，是唐代高僧玄奘法师的纪念堂。纪念堂内供奉着法师绣像，一进门迎面就可看到。供桌上有尊一米余高的莲座金塔，以此象征这里供奉着法师的灵骨。

广州市的华林寺有着将近一千五百年的历史，最初它的名字叫"西来庵"，是菩提达摩东渡来华登岸的地方。华林寺祖师殿里供奉的就是中土禅宗初祖菩提达摩，不过如今的这座达摩堂是现代人为了纪念达摩祖师而重建的，或许殿堂里少了一分古韵悠扬，但是一样的庄严清净，是个修养身心的好所在。

达摩堂坐北朝南，堂前一副对联写着："东土禅宗传妙法，西域宝甸辟华林"，想当初这位远道而来的得道高僧与崇信佛教的梁武帝话不投机，便独自来到少林寺，于是就有了"面壁九年"、"只履归西"、"一苇渡江"等富于传奇色彩的佛教故事。

在大殿北墙的正中间位置，有一白色石基，上面供奉着达摩祖师塑像。但看他身着袈裟，右腿曲起来，左腿成跏趺坐，那神情中虽然有几分慈悲端严，可更多的却是看淡尘世变化的洒脱和旷达。

来到大雄宝殿，我们心中满是敬畏之感，而走进祖师殿，我们则多是怀着对佛门大师的敬仰之情。历史上那些高僧，不论是庄严端正，抑或是旷达洒脱，或者是憨然平和，或者是机锋智巧，尽管形容各异、性情不同，但他们都于行住坐卧之中显示出修行的机要和法门。这些祖师的一言一行也凝聚着深刻的佛学思想。如今我们来到祖师殿，是否也能透过祖师们的造像而悟到佛门通透的智慧和厚笃的慈心呢？

真的，这如何去悟、悟到什么，就要看个人造化了。

一花开五叶，莲花处处开

那时是在灵山法会上，大梵王方广以一朵金色婆罗花献给佛陀，请求释迦牟尼佛为众生讲说佛法。释迦牟尼佛收下了这朵花，但他却默默无语，只是以手拈花，环视众人。法会上的人们猜不透、也悟不破佛陀的本意，他们只能面面相觑，只能在心中暗自嘀咕，却说不出个道理，也不敢随便说话。

佛陀的上首弟子摩诃迦叶却做出了与其他人完全不同的表现，他注视着那朵闪耀着金色光芒的花朵，微微笑了。佛陀于是告诉大众："我这里有洞见真理的法眼，得证涅槃境界的妙心，证悟到无上智慧、照见实相的法门。这种法门不需要通过文字来获得，因此我不立任何文字，在九教之外别传一教，现在我把这法门传给迦叶了。"

这是佛经上的一段记载，也是禅宗的最初起源，而"拈花一笑，以心传心"的典故也因此而流传下来。迦叶因为悟到了其中禅机而成为印度禅宗的初祖，传到菩提达摩那里是二十八祖，而达摩来到中土之后就成了中土禅宗的初祖。

中土禅宗尊菩提达摩为初祖，这便是"一花"，而"五叶"则指的是禅宗后来发展形成的五个宗派：沩仰宗、临济宗、曹洞宗、法眼宗和云门宗。禅宗初祖菩提达摩在传法给二祖慧可时，曾留下一首偈语："吾本来兹土，传法救迷情。一花开五叶，结果自然成。"后人推想，这可能是达摩祖师对禅宗在中土未来发展情况所做出的预言。

在禅宗之外，还有一个佛教宗派对人们的影响极为深远，这便是净土宗。说到净土宗的著名寺院，那可真不少，江苏吴县的灵岩山寺；黑龙江大庆市的果成寺，虽然地处寒冷，可发音声声，不绝于耳，真是庄严了冰雪世界，温暖了世人心田；还有中国净土宗的发祥地——庐山东林寺，以及丽水青云寺、东天目山昭明寺等等。

东晋时期，高僧慧远在庐山东林寺建立莲社，普劝世人一心专修能往生净土的念佛法门，因此净土宗又被称为莲宗。只不过，那情景庄严的彼岸世界倒不一定是我们死后才能去的地方，我们的内心，也需要时刻清净它、庄严它，让它消融掉仇恨和嗔恚，唤醒慈悲与智慧。

在我们这个娑婆世界里，确实有太多的痛苦和烦恼，这些压抑着我们心灵的东西却也并不一定非要通过改变外部环境来得以瓦解。心上的痛苦，还要靠心灵的救治。当一个人的肉身有了病痛时，大家会说："你去看医生吧。"但是，肉身上的病痛容易疗愈，心灵上的疾病就难以治愈了。

如果说，佛菩萨是那治病施药的人，那么我们自己也不能完全被动地等待他们的救治。一句至诚至真的"阿弥陀佛"，便意味着世间有一人希望踏上圆满的修行之路。再一句佛号，一声声地诚心诵持着，莲香四溢，慈心洞开。以前我们最怕被人伤害，我们在认定自己被人伤害后不仅会难过、恼火，还会想要"以牙还牙"地报复。你越是观察自己的情绪，观察自己的怒火，越会感觉自己的怨恨更深、更重。可一旦有其他的事情要忙，你就忘记了这份恼怒与怨恨。可见，一切不过是外相，而且这外相禁不住任何变化。

也许你会说，当自己恼火时碰巧遇到了其他的事，自己实在无法顾及，然后这怒火就自然而然地熄灭了。可是，如果自己生气时没有发生其他的事，那么这怒火不是还会一直燃烧着吗？

这时候你可以用净土宗的良药，打一声佛号，恭恭敬敬地，哪怕不念出声音来，你只是在心头默默地诵持着，只需要六个字"南无阿弥陀佛"，你不断地念，慢慢地念，等有人问起你来"刚才为何要生气"，我敢保证，你会惊诧地反问道："刚才我何尝生气了？"

看，其实你可以不生气。所谓的怨恨禁不起慈心与智慧的瓦

解，可见，我们平时所谓的"深仇大恨"，那是自己与自己较真儿。

当我们断言自己无法与他人和平相处时，那是因为我们无法与自己和平相处；我们投身在熙攘的尘世无法获得当下的宁静，那是我们自己的心灵只是过多地关注到喧嚣和染污，却对清净简单漠然无视。

一声佛号，一缕佛香，一朵青莲，一瓣佛心。如果这佛号能唤醒我们的慈悲，让我们清醒些也再清净些，那么天地人间便宛如一个新世界，这里没有对抗，没有压抑，在几卷经书，一抹檀香中挥洒着内心的善意，你便发现，人生其实很美妙，也很自在。

当我们置身于滚滚红尘中，为着所谓的名利财富、爱情事业而过着充满烦恼与煎熬的生活时，倒不如暂且不去思考些什么，更不要去争夺些什么。虽说不是走进寺院马上就能做到心中无杂念、了却万般烦，可至少你能在心随身行的旅程中渐渐醒悟，醒悟之后，你方才发觉，净土与尘世并不是两两相隔，而自己的心与那佛前的莲花又何曾有什么不同呢？

一花一净土，一土一如来。莲中的净土也可以是我们的自心，净土中的莲花摇曳多姿，它告诉我们，修行并不是要跋山涉水、千里迢迢地到处寻找，而是自然而然、每一步都坦然地走来，不管是在佛土还是在红尘。

逼自己一把

　　玄奘法师西天取经的故事大家都知道,他不仅以其能力和辩才征服了印度佛教界,更在回到大唐之后与其弟子窥基共同创立了唯识法相宗。想来这位窥基大师能得到玄奘的真传与厚爱,一定有着超乎寻常人的本事。

　　窥基法师确实是一位很有传奇色彩的人物,他出家学法的过程一波三折、起伏跌宕,而且还因为这不同寻常的出家过程而得了个"三车和尚"的雅号。

　　窥基本来是唐朝大将尉迟敬宗之子,只因玄奘法师在街市上见过他一面之后,感觉十分投缘,于是玄奘才希望收他做弟子。作为将门之后,尚未出家的尉迟公子不论是才气还是傲气,在长安城中都是数一数二的。玄奘为了能让这位尉迟公子老老实实地归入佛门,着实也费了一番心思。

　　据说,他第一次来到尉迟将军家中化缘时,这位将军还是很大方的,安排了好茶好饭款待玄奘,席间对玄奘十分恭敬。玄奘却说,自己此番登门化缘的真正目的还不全在于一顿茶饭。尉迟将军马上就说愿意来到寺中做大布施,以供养各位师父。

　　玄奘听后又摆摆手,他只说尉迟家的公子与他有过一面之缘,他希望能将这位公子收在门下，为佛门立一功德。

果然，尉迟将军变了脸色，虽然口上说自家犬子很不成器，不敢劳烦玄奘大师，可内心却巴不得玄奘赶紧离开。玄奘倒是平心静气地说了很多道理，不管他说的是什么，最后都使尉迟将军动了心，可尉迟公子却闯进来大声吼道："我不愿意。"

玄奘自然料到会有这样的结果，可他偏不甘心，过了几日，玄奘带着一个相貌堂堂，聪慧过人的小童一起来到尉迟将军家中做客。玄奘只是说自己新得的这个小弟子很是笨拙，教他什么也学不好，这才带他出来见见世面，"听说尉迟公子极有文采，颇通兵书，自己还能写兵书，何不请他前来背诵一部，也好让我这不成器的小弟子长长见识。"

尉迟将军听了玄奘法师的话自然喜不自禁，就让自己那宝贝儿子出来给露两手。等尉迟公子背诵完，玄奘法师却哈哈大笑，说这位公子背诵的兵书并不是他自己写的，而是古代某个不知名的兵家所撰写的兵书。尉迟将军自然不信，可玄奘带来的小童却也能一字不差地给背诵出来，尉迟将军听完后不由得勃然大怒，骂自己的儿子欺世盗名，还要把他关起来。

玄奘暗自高兴，就提建议，说："将军暂且息怒，不如就把贵公子交给贫僧吧。让贫僧度他出家，就当是惩罚了。"尉迟将军怎能不明白玄奘的苦心，可无奈尉迟公子不愿意，就这样，玄奘法师的第二次"化缘"又失败了。

不知怎么的，玄奘法师两次登门化缘的事情传到了皇帝耳边，皇帝器重尉迟将军，但更看重玄奘法师，他给了玄奘一封诏书，命尉迟公子随玄奘出家。这位尉迟公子倒也胆量大，他对玄奘说，要他出家也可以，不过他是有条件的。这两个条件若是不能满足，他是宁死也不肯出家的。

玄奘明知道尉迟公子一定会提出十分苛刻的条件，但他还是一口应允下来。果然，这位年轻公子张口就说，第一不断荤腥，第二不断女色，如此，方可随玄奘出家，而且他在寺院内的生活要与在家时候没有什么大的区别。

尉迟将军听后虽然生气，但玄奘却对尉迟公子说："佛门本以慈悲为怀，为了度脱众生而广开方便之门，如今你肯皈依我佛门，已是在过去生中种下了无边善根，你的这些条件我都答应你。"

出家后的窥基仍然喜爱四处游玩，他每次出行都要准备三辆马车，一车装美酒美食，一车装美貌女子，另一车装佛教经论。这"三车和尚"的雅号就是这样得来的。

可他最终还是在青灯古佛旁、大雄宝殿上找到了自己生命的归宿，渐渐地，他改掉了身上的风流与放浪，彻底断绝了红尘俗事，专心研习佛法，终于成为一代宗师，留下无数著述。

虽然窥基出家的原因和过程很是离奇，可他到底有所成就，也不枉玄奘法师的一片心血。这位被逼出家的大师，又岂能料想到自己在空门之中还能做出如此一番事业来？

其实，对于世人来说，有多少是在自己逼自己一把之后而重新找到了人生的意义与归宿呢？都说修行苦，修行难，因此世人对于"修行"二字便产生了诸多抵触。可修行之事，不全是一定要入了空门才可以做的。

修行没那么痛苦，修行先修心，如果你愿意，也可以让它变得轻松快乐起来，比如，在你走路时，不去想难以解决的问题，也不去想世间的痴缠争端，你只是走路，一心走路，安心走路，同时也不要忘记路边的风景，等走过许多路，看过许多风景之后，你会猛然惊觉，原来这样也是一种修行。

人生就是一个过程，一条路。这条路上的风景很多。刚开始，我们哭着踏上人生的行旅，一路上，我们好奇地望着这个世界，渐渐地从好奇、惊喜变成了麻木、无觉，也许到了生命的终了，我们依然用一颗麻木的心看待世界，对自己本该精彩的人生没有丝毫感觉。可是，对于那些真正找到生命意义与归宿的人来说，他们的人生不知比我们宽了多少倍。

修行先修心

有人说，佛家规矩多，是最最不给人自由的，单看那许多的清规戒律就够让人头痛了。持这样见解的人可不在少数呢！许多人一听到修行、禅修，首先联想到的就是一瘦骨嶙峋的修行者，一动不动地坐在荒无人烟处，他没有七情六欲，似乎也不用吃饭休息，就是那样坐着，这就是修行了。其实，这就是不了解佛法、不了解修行的人们所构想出来的、关于修行人的典型生活。

实际上，佛家给人们心灵的自由才真是难得呢！佛家应机教化，号称有八万四千法门，对治不同众生的不同心病而选择不同的教化方法。为了教化众生、度脱众生，佛菩萨都可以不断变化自己的身形，入红尘凡世，到无边地狱，一时一刻都不得安闲。再说，玄奘法师为了能度窥基，在最初时都破例允许他不离酒肉和女色，用一种善导和方便使他渐入佛门，最后得以成就。

佛门的清规戒律虽然多，可那毕竟是针对出家人而制定的。对于在家修行的人，明白佛法，愿意亲近佛法，如理如法去修行，佛门总是能给予许多方便善导。所谓"八万四千法门"无非是说度脱众生的方法很多，这么多进入佛地的门户，只选取适合自己的那个就好。修行法门，无分高低，关键是如何修行，如何体证，如何从始至终地坚持下来。

每一天，每一时刻，我们其实都处在一个分别烦恼的状态之中——当然，对于那些对自己的意念、言行有所觉知的人来说，他们会对自己过于散乱的心念加以调整。而对于无知无觉的人来说，他们既想不到自己的生活际遇为何总是不如别人，自己的内心为何总是阴暗而混乱，也不能明了"修行"二字的意义。

修行无关乎是否遁入空门，如果内心不能空却万有，不能平息杂念，那么入了空门也不能真正有所成就。修行不是要远离生活，远离人群，而是要接近众生——最大限度地去接近众生，接近这个世界，在接近的同时也内观自己。

每一个人，都可以是我们修行道路上的明师。通过观察众生对自己的态度，我们能反省出自己对自己的态度——所以，不要怨

五祖寺天下祖庭碑

191

恨别人对你的冷淡漠然，如果你对自己就是这个样子，别人又如何能对你投注爱与关怀？

下面，再来看看我们的生活，每天一睁眼，就是数不清的烦心事。可到底是事让你烦，还是你的心本来就不够平和安宁呢？

外境的混乱，源自于内心的烦乱。每次我们遇到一点麻烦就大声抱怨"这事情怎么这样烦人"，殊不知，同样的麻烦、同样的事件，在不同的观者眼中是完全两个样子。有觉性的人很少因为外境的波折而迁怒自己、迁怒他人，在他们内心世界中没有对抗与对立，没有极端，也不制造任何分裂，不执著好的，也不排斥坏的。他们不会把肉体当做肮脏的，也不会执著"高尚的灵魂"，因为有觉性的人知道，没有肉身如何去修行呢？而那所谓的一点灵性，也是刹那闪烁的，它如同其他事物一样，是会发生变化的，因此不值得执著或留恋。

这样的觉性自然很好，而所谓的"觉性"，并不是圣人才能独有，而是每个人生来就具有的，它就在你心上，至于能不能发现它，全看你自己，因为觉性也是通过修行而一点点发掘出来的。

若是想清楚了，我们不难发现，修行本身的意义：不仅是要慈悲别人，也要慈悲自己；不仅是要清除往昔的业障，也是在成就圆满的今生。修行就是放自己一马，不要给自己制造分裂与混乱，也不走极端，不执著善恶好坏。

修行先修心。修行，便是选择放下，让人生成为一种存在。放下你自己，这是舍弃了"我执"；放下别人，这就是舍掉了"对立"。生活是一种存在，让存在以其本来面目存在着，这也是修行。

心与身行：西安兴教寺

记得某一年，已经入了初秋，可西安还是感觉不到丝毫凉意，早晨和傍晚吹来的凉风反而让人觉得身心清爽。就在某个清爽的丽日，大家来到了兴教寺。不记得坐车行了多久，因为我对路程和时间实在没什么概念，只是在车上感觉很困很倦，巴不得这行进的速度慢一点，再慢一点，我就可以打个盹儿了，尽管车子颠得很厉害。

请不要问我护国兴教寺的具体方位，因为我实在路痴，分不清南北东西，我只知道它在西安城南约20公里处的长安县少陵原畔，这还是听司机师傅说的。我问师兄，为什么来到西安的第一天就选择一定要去兴教寺。要知道，陕西这里寺院众多，陕西省唯一的一座藏传喇嘛寺院广仁寺，可是有着浓郁的神秘色彩的藏式人文景区；还有那宝鸡市扶风县的法门寺，据说释迦牟尼佛的指骨舍利就供奉于此。我很想知道，是什么吸引了他，让他刚下火车休息片刻就一定要来到兴教寺。也许正是因为好奇，我才颠颠儿地跟着大家，忘记了连日来的疲惫。

师兄说，他前几天读到一本关于玄奘法师的书，心里的想法颇多。后来得知，玄奘法师的灵塔就在兴教寺，于是才动了念头，一个人跑到陕西来，让自己的心灵也随着历史长河漂流一把，来过几天"心与身行"的诗意生活。

这就是佛家所说的因缘吧。正好赶上大家都不忙，正好碰上一位居士朋友的私家车刚刚维修完毕，正好是这么一个风清气爽的好天气，于是大家都动了心，几个人挤在小面包车上，一路上有人在谈笑风生，有人却看着地图，有人与司机师傅聊天，有人在闭目养神，很显然，这个人就是我。

公元664年，一代高僧玄奘法师圆寂。他的弟子们先是把他安葬在白鹿原；669年（唐高宗二年）迁葬到樊川凤栖塬，也就是在这时，修建了一座五层灵塔，第二年，建起了佛寺，唐肃宗亲题"兴教"二字，此寺便是现在的护国兴教寺。

进了山门，就能望到大雄宝殿，二者正相对着。在大雄宝殿内供奉着一尊铜制佛像，听寺内师父说，那可是明朝时期打造的。大殿内还有一尊白玉雕成的弥勒佛像，是缅甸赠送的。大殿之后便是讲经的法堂，可惜我慧根太浅，实在不知法师们讲解的是什么，可师兄却听得很入迷。

藏经楼在东跨院，一层陈列有玄奘法师的画像，还有一些书画作品，我对书法绘画完全不懂，只是随着大家看，听着大家发出"啧啧"的赞叹声。表面上我也在看，随着大家一起走，可心里却长了草一般。"怎么还不去看灵骨塔呢？"我想我的焦急都写在了脸上，师兄反而笑我："你急什么？一步一步地来，不好吗？"

站在寺内，可以远远地望到终南山，都说如此这么一望，便觉得景色如何秀丽，山峦如何起伏雄伟，可我却丝毫没有感觉到。我倒很想看一眼玄奘法师的那座灵塔——此番前来的目的，不就是这样吗？

随着大家来到西跨院，我就问师兄："怎么还没到灵骨塔啊？"师兄却笑着说："唐僧取经都要一步一步地走过去、走回来。今天时间还这么早，做什么这样着急？这可不是随团旅游，你只慢慢地走，用心去看，你总会发现，寺院里的每一个角落都很值得注意，而并非只有那几座灵塔才值得去看。"

"在唐朝末年，天下大乱，战火频繁，兴教寺也未能幸免，在战火中被烧毁了，真是满目疮痍啊！幸好，玄奘法师和他两位弟子的灵骨塔得以保存下来。"司机师傅正在对大家做着讲解。见大家都听得入神，我也赶紧整理一下思绪，追随着司机师傅刚才说的每一个字。我试图在脑海中把他说的话转换成画面，可每次一想到"灵骨塔"，就开始走神，我所不能理解的是，既然目标锁定在灵骨塔，为什么不能直奔主题呢？

"唐末之后的千余年间，兴教寺真是历尽了几度兴废、多少荣枯啊！在清朝同治年间，兴教寺内有不少建筑物都遭到了破坏，还一度被战火焚毁，听着就让人心痛！可也奇怪了，那三座灵骨塔却并没有受到致命破坏。"

越是听他这样说，我越是急着要一睹灵骨塔的风采。不过，真的看到了佛塔，多少还是有一点小小的失望。我原本以为，这里安葬的是玄奘这样一位高僧，他的灵塔一定是极其高大、华丽的。

看来我预想错了，眼前的这座灵塔古旧而又素朴，可再仔细去看它，心中忽然清明起来。

因为西跨院这里有玄奘灵塔，所以又被称为"慈恩塔院"，玄奘与其弟子窥基创立了唯识宗，也叫"慈恩宗"，所以兴教寺西跨院才得了这么个名字。

慈恩塔院是玄奘法师及其弟子窥基法师、圆测法师的遗骨安葬处。这里建有并列的三座舍利灵塔，距今已有一千三百多年的历史。在灵塔以北的慈恩殿里，还陈列着玄奘法师及其弟子的石像。

窥基法师大家应该不陌生了，就是那位"三车和尚"。也算他有慧根，从最初的乖张顽劣而渐渐明白佛理，终于成为一代宗师。那位圆测法师，或许大家就会觉得比较陌生了。

传说在一天深夜，慈恩寺内一片寂寥，大家都已经安睡了，只有玄奘法师还在昏黄的油灯下给窥基讲解《唯识论》，这是他新近翻译出来的一部论著。

窥基专心地听讲，可当他刚一扭头，却发现窗外闪过一条黑影。这窥基可是将门之后，那身手绝对非同一般，他大声喊道："窗外有刺客！"说着就跑出去一看究竟。到底还是玄奘法师心肠慈软，只是说："不要伤人性命，不要伤人性命。"

很快地，窥基就押着一个人进来了，哪里是什么刺客，这分明是个眉目清秀的年轻和尚。玄奘就说："看你有些面熟，我且问你，这么晚了，你在我房外做什么？"

这个年轻的出家人跪倒在地，就对玄奘说起了自己的身世。原来他是新罗国王的孙子，尽管出身皇家，可他从小就笃信佛法，不远万里来到大唐出家修行，而且被唐太宗亲自剃度为僧。他仰慕玄奘法师已经很久，十分想到这里跟随玄奘法师学习唯识宗的教义，可他却担心玄奘不会收下他，没办法，只好做出如此举动，每天深夜悄悄来到玄奘的僧房外偷听。

玄奘倒很欣赏这个年轻和尚的勇气，便有意考考他的学问，不成想，这和尚尽管年轻，但学识还真算得上是渊博。自然，这位年轻和尚留在了玄奘身边，实现了自己的心愿。这个和尚就是圆测法师。

圆测法师学成之后四处弘法，在洛阳一寺院内讲授《华严经》时圆寂。在坐化之前，他吩咐门人，务必要将他的骨殖葬在玄奘灵塔旁边。如今，三位高僧的灵骨深埋于此处已经度过了千年的风霜。这一千多年的沧桑变化他们并不知晓，王朝一个接一个地建立起来又败落下去，江山的主人换了一批又一批。梵音清韵却仍在兴教寺上空飘荡，久久都不散去。

当我们在人生的过程中设置了太多目的性，那么结果不论是如自己所料还是出乎意料，都会让我们失望的。目的性太强，似乎并不能适用于修行，尤其是心灵的旅程，最好还是随缘些，内心也才安然些。

到底还是师兄说得对，慢慢走，慢慢看，总有值得你惊喜的事物。现在的人们，一说到什么，就想的是如何快——快速致富、快速成功、快速升职……这就难怪人们总是叫喊着"心太累"了。从东土大唐到西方天竺，这条路够漫长了，我想玄奘法师的目的性尽管明确，但他却是在慢慢地走。一路前行，风霜雨雪经历个透，人世浮沉看得也愈加分明起来。

人生所要做的，不仅仅是快，有快有慢、有张有弛，这种中道的生活方式那是最好，若实在掌握不好这个度，那么慢一些又能如何？

让我再走得慢一些吧，大千世界我要看个够！

嘎绒寺千佛殿：莲师之化身，千佛之总集

说起莲师（即莲花生大士），有些朋友可能会觉得比较陌生，也许一些人还会生起这样的疑问：他是从莲花中生出的吗？为何要起这样一个名字？

莲花生大士本是一位印度僧人，于公元8世纪来到吐蕃传播密宗佛法，被视为藏传佛教宁玛派的开山祖师。作为一位传奇性人物，关于莲花生的故事多之又多，传说他出生于莲花之中，没有生死，更无烦恼，相貌清净又端严，他智慧无比，聪明过人，曾独自在阴森幽寂的墓地里苦修数年。他在进藏弘传佛法的路上，降伏了各种精灵鬼怪，埋下了伏藏，传播了佛法，关于他的种种传说被后世人所熟知。下面我们要说的这座寺院，据说就是莲花生大师心之化身——白玛邓灯上师主持修建的。因为白玛邓灯被认为是莲师心之化身，所以大家也就认为这座寺院得到莲花生大师的护佑。这里所供奉的一尊金刚莲花生造像便说明了一切。

嘎绒寺是宁玛派的著名寺庙，坐落在甘孜州雄龙西乡雄龙西扎呷的山脚下，始建于1288年，于1860年3月由白玛邓灯祖师主持重建。据说，这座寺庙是贤劫千佛总集的化现，也正因此，嘎绒寺最为著名、最为殊胜的建筑便是千佛殿了。

千佛殿始建于唐太宗时期，于明朝万历年间重修，殿内廊柱色彩绚丽但却不失古拙之风，殿门两侧的柱础雕工细致，精美异常，那上面的莲花与龙凤似乎向人们昭示着一个清净国度，而这个清净美好的地方，它从来就不在天边，而是在人们自己心上。

大殿内最初安放有一千尊佛像，这些佛像来自帕乌白玛，一个神圣无比的地方。每一个来过这里的人，可能都会有这样的感触：真恨不能多望几眼那些精致的小佛像，哪怕多望几眼，自己心头的恐惧、忧伤、焦虑、憎恨都会轻轻地融化在高原的空气中。来到这里，人们卸下了烦恼忧患，带走的是满心喜悦。可又有几人知道，这千佛殿也并不是一直太平安然的，它经受过岁月的变迁，承载过历史的转换，旁观过世人的悲喜，可不曾改变的却是那一如既往的沉默与庄严，世间万物如何迁变，菩提觉性永远清净。

在千佛殿的正中台座上有三尊大佛：中间的那位是法身佛；东侧那位是报身佛，人们也称他为大慈大悲佛；西侧的便是释迦牟尼佛了，这是应身佛。在大殿内部，原先还有木制、铜制的小佛像近千余尊，"千佛殿"的名称正是如此得来，可在屡遭劫难之后，如今只剩下不到三百尊的木刻佛像了。

在大殿内，还有四十尊彩塑罗汉造像，这些造像活灵活现，形态逼真。据传闻，这些罗汉造像都是以当时的高僧大德作为参照对象而造，因此这些罗汉像不仅没有一丝一毫的雷同，而且其气质神韵、衣着打扮都各具特色，甚至有些熟悉藏传佛教的朋友一见到某尊罗汉像就能与历史上的真实人物对上号，从中也可见出这些彩塑罗汉像独有的艺术价值。

走出大殿，友人不住地问，这千佛殿里造型各异的佛像到底出自谁人之手？是同一个历史时期造的，还是在不同时期所造？

听着他连连发问，在场的每一个人都有一种头颅爆炸的感觉，可这些问题其实也正是大家心头的疑惑。后来听一位面容和善的老阿妈说，这千佛殿里的佛像可不是人工所造，乃是十方无量诸佛的化身。

老阿妈的一番话不仅没能扫清我们心头的疑问，反而把这千佛殿的身世说得更加富有传奇色彩了——也许正因为这种传奇色彩，才引得世人来这里探访，或者驻足细观，或者探听寻访。深奥的佛理倒没有成为我们流连于此的原因，反而关于千佛殿的传说倒成为我们此番行程的唯一目的。可是，我们最初的来意并非如此，完全是听了朋友的强烈推荐，然后大家才一路行来，从北京到甘孜，然后又颠簸至此，路上大家表情严肃，不发一言，可现在探讨到千佛的起源，倒是一个个表情活跃，似乎都有说不完的猜测。

据说，宁玛派的祖师白玛邓灯遵照空行母留下的预言，为嘎绒寺贤劫千佛殿举行奠基仪式，空中出现了许许多多闪现着五彩光芒的云朵和虹霞，还有一些光环围绕着太阳，这样的瑞相确实殊胜难得。如果此生得见此情此景，想必一生都难忘记。更神奇的是，有无数鲜花如同下雨一般纷纷自空中落下。闭上眼睛，我们就能想象出，那沁人心脾的香气随风播散到四面八方，那各种颜色的花朵纷纷落下，这是多么美妙的一幅场景！山野间响起动听的乐音，连那空中的彩虹祥云也被这乐声吸引来，一齐融入到嘎绒寺的地基之中。

此时，十方诸佛菩萨现于云端，贤劫千佛化现空中，每一尊佛都于额间放出光明，每一尊佛都以慈悲慧眼注视着人间。而后，千佛全部融进大殿，每一个角落，每一块砖石，每一个廊柱，都有他们的身影——当然，并非人人都能见到他们。

这一年，是藏历金猴年，换算一下，大概是 1860 年。这座创建于 1288 年的寺院在度过了近六百年的岁月之后迎来了生命的第二次怒放，而这次怒放正是由于千佛殿的建造完成。没有了千佛殿，嘎绒寺也就少了一个庄严的佛国世界，而我们又如何能在这茫茫苍山中得见心灵的家园呢？

/

【第十章】
地狱不空，誓不成佛

　　人们经常期盼自己拥有财富、功名、健康、权势，或者甜美的爱情、幸福的生活。可是甚少有人期盼自己能获得慈悲和美善的力量。是的，世间有很多不完美，有很多不圆满。可是面对那些你不喜欢的人、伤害过你的人、对你造成威胁的人，你依然可以用一颗慈悲大爱的心去对待他们。只要你愿意，慈悲会比仇恨让你生活得更加幸福。

不二门

一种愿力，流转于前世今生

在地藏殿里，供奉着那位掌端明珠、手拿锡杖的地藏王菩萨。经常地，我们会听到身边的一些人说"我不入地狱谁入地狱"，一副凛然大义的样子，可如果问起这句话的源头在哪里，他们却不一定知道了。

地藏菩萨的圣号意为"安忍不动如大地，静虑深密如秘藏"。许多朋友应该比较熟悉"地狱不空，誓不成佛"这句话，没错，这就是地藏菩萨当初的誓愿。在久远劫来，地藏菩萨所发的宏愿直到今天还依然被人们所称许，来到地藏殿的人们无不怀着敬意对他叩拜，"南无大愿地藏王菩萨"便是对他最亲切的礼敬。

正因为地藏菩萨的弘深愿心，所以在千百年来才有无数的信徒敬仰他、追随他，以他为榜样。不过，也有很多人以为这位地藏菩萨只是佛经故事里的记载，只是人们对一种理想人格和完满人生境界的寄托。其实，在历史上还真有地藏其人。

在新罗国王族，有位王子俗姓金，名叫乔觉，据说他刚出生时顶骨高高耸出，与平常人大为不同。金乔觉因为自己奇特的相貌和巨大的臂力而被王族所夸耀。在少年时代，他便表现出异乎

205

寻常的慈悲和聪慧，见过这位王子的人都说他的悟性和善心是世间很难见到的。在二十四岁时，金乔觉落发出家，得"地藏比丘"之法号。

唐代正是中原佛教发展的鼎盛时期，像日本、高丽、新罗、百济等国家的僧人纷纷被大唐佛教吸引，从而来华求法修道。地藏便是这千万僧人中的一位，他带着一只白犬，乘着船来到中国，随处参访，在经过数年的游化生活之后来到如今安徽省青阳县的九华山。

我想，一定是那九座形似莲花的山峰吸引了地藏的注意，在那些山峰里，似乎住着纯净无比、与世无争的灵魂，吸引着地藏，也吸引着后世多少游人来到这里，或是停驻在这里长期修行，或是流连了几日也难以放下心中对禅意的追寻。

在九华山的深处，地藏选了一个岩洞，在里面打坐修行。口渴时就捧一把清泉，让山间溪水清凉自己的唇角，滋润自己的身心；若是饿了，就食用当地的一种白色黏土；平时打坐还会被毒虫所伤。在这种艰苦的环境下，地藏依然能安心端坐，处之泰然。

这样清苦的生活一直持续了数年之久，直到被当地的一些士绅发现。当人们得知这位苦修数年的出家人原本是新罗王子时，人们觉得应该尽一尽地主之谊才好，于是一位叫诸葛节的士绅就发了誓愿，希望能出资修建一座寺院道场来供养地藏比丘。

那时候的九华山为本地乡绅闵让和私人所有，如果要兴建寺庙，就必须请他施舍一块山地。闵公本就是位虔诚的信徒，为人乐善好施，每次请僧人用斋饭，必定会留出一个空位给地藏比丘。在得知众人要在此处修建庙宇后，他就高兴地答应下来，十分大方地把山地捐献出来。

闵公曾向地藏比丘说过："这九华山本就是我财产，如今尊者需要多少山地，尽管开口吧，不论多少，我都能满足您。"

地藏比丘只是说："若有一件袈裟那么大的地方，这就足够了。"闵公心里或许有些疑惑，这一件袈裟之地，怎么能修建庙宇呢？他虽然嘴里答应，可也不知道地藏比丘到底是个什么打算。

地藏比丘一定是看出了闵公心中的想法，他也只是笑笑而已，将自己身上的袈裟迎风展开，那袈裟居然越来越大，顿时就把整个九华山都给覆盖上了。如果你看过《济公传》，就能想到这个场景了。

见到此情此景的闵公一扫心中疑虑，不仅没有任何不舍的神情，反而十分欢喜，于是就将九华山所有山头布施给地藏比丘建立道场，还让自己的儿子在地藏比丘座下剃度，取法名道明，后来闵公也剃度出家。现在我们在地藏殿里可以看到在地藏菩萨像两旁分别侍立着道明和闵公，他们虽是父子，但也同为地藏菩萨的弟子。

此后，九华山便成为地藏比丘的修行道场，前来学法求道的人越来越多。可是九华山毕竟资源有限，大家的生活饮食也就成了一大难题。有许多人不远万里来到这里，就是为了开悟得道，哪怕是饿得枯瘦如柴，也要在道场坚持下去。其实，地藏比丘的修行比他们还要辛苦，因为他要负责这些到九华山来的修道者的日常饮食。不能忍受苦行的人，最终还是走了一些。可有人走掉，就会有人再加入到这个修行的道场中来。后来，不知道过了多久，新罗国王才得知这些情况，他立即命人运来粮食以做供养。对于真正的修道者来说，吃些什么都是无关紧要的，外境的艰苦又怎能抹灭掉内心得道的喜悦？

唐开元十六年（728年）农历七月三十日这一天的夜里，地藏比丘成道了，此时的他已经九十九岁。听说，在九华山修道的出家人听到山石之中发出阵阵嗡鸣，仿佛有人低低地呜咽。但天上却星光一片，闪亮无比。地藏比丘的肉身端坐于一大缸之内。三年之后，人们将缸打开，准备将其肉身移葬于塔内，此时地藏比丘的肉身依旧柔软，和生前并无什么不同。

那时候的人们都认为这地藏比丘正是佛经上所说的那位地藏王菩萨的化身，又因他俗姓金，因此人们也管他叫"金地藏"，九华山也就成了地藏菩萨的道场。

根据这些地藏菩萨的故事，我们不难想见这么一位瘦骨嶙峋、身披袈裟的比丘不论冬夏、无分冷热，常年盘坐在郁郁葱葱的山林之间。也许他偶尔还会起身，来到溪边掬一捧清水，润一下自己的喉咙，再找一些野果填饱肚子，然后抬头望望天空，心门顿开，之后会心地一笑。接下来，也许他会在山林间走上一走，又也许他依旧盘坐在岩洞里，不管寒暑，也无畏春秋。

世人都以为只有经受过屡次挫折打击的人才会看破红尘，而只有看破红尘的人才肯遁入空门，可是，对于真正的修道者来说，离开红尘并非是要离弃众生，遁入空门更不是为了自己解脱得悟。也许有人会问，他舍弃了王子尊位，那是因为他看破了所谓的富贵荣华，能够放得下这些牵绊，可是他就不会想念自己的亲人吗？

修行之人必定心怀大慈悲，那么他所惦记的又岂止是与他有血缘关系的亲人呢？他心中惦念的是天下众生，如果不是因为这样的慈悲誓愿，真正能安安稳稳在山林中苦修数年的人又能有几个呢？

若不是有一颗慈悲之心，用慈悲的正念感召世人，九华山的道场也不会在短短几年就吸引来如此多的修行者，更不会在最艰难的境况中，一直支撑下去。

能够支撑着人们不断努力践行的，是他们本身对心灵自由的无限渴望，而这种渴望如果不与慈悲结合在一起，就很容易形成一种放逸而懒散，甚至自私自利的性情。

真正的慈悲，除了学会接纳自己、接纳别人，更有着另一个层次的意味，而"地狱不空，誓不成佛"，便是对慈悲正念的最好注释。

在我们的心灵花园，不仅有善的种子，也有恶的种子。这种恶其实并非人的本心天性，正如善良的种子遇到合适的条件就会结出善果，恶的种子也是这样。至于培植出善果还是恶果，原因并不全在外境，而是在我们的本心之中。

如果，我们能多一些慈悲正念，我们就可以轻而易举地发现，我们平时所谓的对手或敌人，实际上也是一个饱受无明折磨、时刻被痛苦煎熬的可怜人。没错，我们自己和其他人一样，都被自己内心的强烈欲望所牵引，还经常会因为贪嗔痴三毒的侵害而陷入无边的苦恼之中。有时候，我们自己不知道如何表达自己的愤怒，虽然这怒火全是由于一心的"我执"而造成，我们把那些无辜的人当成了自己怒火的发泄对象，丝毫不理会其实他人也同我们一样，不能控制自己的习气，不能摆脱无明业力的牵引而一再做出错事，然后又不得不独自承担起错事所带来的恶果。

如果你能体验到自己内心升起的一股慈悲与大爱的力量，把这种力量投射到任何一个人的身上，那么你将会有一种十分特别的感受，这种感受难以用语言和文字表达，因为慈悲大爱是一种心灵的触动与指引。

要爱上我们的仇敌，这确实很困难，而一旦我们觉察到，那些日常生活中出现的、我们看起来"有害"的人群，事实上与我们一样，在饱尝苦痛，随时也可能获得一种觉悟，甚至在无意中触怒了别人，也在别人触怒他们的时候做出强烈过激的反应——我们也是如此的，那么，我们既然感受过被怒火灼烧的痛苦滋味，就不难体谅到别人也在经历的这种苦痛，于是，一种慈悲开始在内心深处荡漾。

修行，就是如此。不过是一个念头的转变，你就可能从地狱来到天堂。若是世间的人们都能如此修行，地藏菩萨的工作任务可真是要轻松许多了。

饭诸贤圣，不如孝事其亲

以前还在读书的时候，就经常听老师说起《地藏经》，还有一位老师很恭敬地说："这是一部孝经，是佛家孝文化的代表。"那时，大家都在忙着各自的学业，竟没有细细地思考过老师的这句话。"行孝"二字似乎永远与佛门不搭边，因为在人们印象中一旦进了山门，就意味着永远离了父母，别了妻子儿女。因此有人就说，父母养你这么多年，你居然在他们年迈时离开他们，哎呀呀，真不孝啊。可是他们不知道的却是，佛门中也出了许多孝敬父母的典型，地藏菩萨就是这样一位。

据《地藏经》里的记载，地藏菩萨的前世曾是一位出身高贵的婆罗门女子，她不因自己高贵的出身而骄纵，反而虔诚地修行佛法，还劝说母亲也一起沐浴在佛光之下。可是，这位婆罗门女子的母亲并不以为然，反而诋毁佛法，大肆烹食鱼虾，以致造下了深重罪过。婆罗门女依靠自己的至诚之心，终于使堕落在地狱中受苦受难的母亲得以出离苦难而往生善道。

在很多地方，每年的农历七月间，都有地藏法会举行，有些法会场面盛大，有些法会的场面看起来就比较简单了。不过，不管参加法会的人数是多是少，讽诵《地藏经》、念诵地藏菩萨圣号的声音却是一样的庄严无比。刚开始，声音并不那么大，也不是很整齐，可渐渐地你会听见许多声音凝聚在一起，这声音里充满了一种感激，一种期盼，一种对过世亲人的哀思。如果你听到过这样的诵经声，那么你心底对死亡的恐惧，对亡故亲人的怀念，也许会减淡许多。

农历七月三十日，地藏菩萨圣诞。这位大菩萨曾在过去生中以至诚之心救度娘亲，因此被视为践行孝道的典型人物。人们往往认为出家人舍弃家庭，对妻儿是一种寡情，对父母更是一种不孝。可是，佛门并非是要修行人一定得离家别亲，而且佛家也是很看重孝道的。

尽管佛教没有专门论及孝亲思想的经典，但劝人行孝道的思想在许多经典中都能见到。不论是《六度集经》所说的"饭诸贤圣，不如孝事其亲"，还是《心地观经》中所言的"父有慈恩，母有悲恩"，乃至其他经典，对于孝亲思想也多有论述。

据说释尊在过去生中，修头陀苦行，甚至以身体血肉供养双亲，在行菩萨道时，"为一切父母故，常修难行苦行，难舍能舍，头目髓脑，国城妻子，象马七珍，辇舆车乘，衣服饮食，卧具医药，一切给与。勤修精进，戒施多闻，禅定智慧，乃至具足一切万行，不休不息，心无疲倦。为孝养父母，知恩报恩故，今得速成阿耨多罗三藐三菩提"。在《大方便佛报恩经》中如是所言，可见，孝亲其实也是人们能够成就佛果的原因之一。

佛门之中还有一个更了不起的思想，它不仅普劝世人要孝敬自己今生今世的父母，更告诉人们，我们有着过去、现在、未来三世父母，六道众生都与我们有过宿世的因缘。而地藏菩萨在最初时为报答亲恩、力行孝道而发下重誓，愿尽自己全力度尽六道苦恼众生而后方成佛道。也正是因为这种愿心，地藏菩萨成为佛门孝道文化的象征符号，《地藏经》被人们誉为"孝经"，而每年农历七月的地藏法会则成为人们追思已故亲人、超拔亲人出离苦海、孝亲报恩的特别盛会。在地藏法会上，我们不难见到悲戚的面容，但那声声佛号却比人们的哀戚更能使人动容，这佛号声中有一种对逝去生命的追思，但更多的却是对一种慈悲正念的追求和坚持，对慈悲世界的向往——只要打开我们封闭的心，用慈心瓦解掉怨恨，你就时刻处在这种充满喜悦感受的世界之中了。

所以啊，即便你的工作再忙，生活中的事情再多，也可以抽出时间读一读《地藏经》，我们不仅是要从经文中读出"孝"，读出"慈悲和大爱"，更重要的是，要通过这充满正能量的声音，净化我们内心的负向杂念，让我们在善意的觉知中，医治好心念上的顽疾，比如对他人的嗔恨、嫉妒、邪见，这些都将在善意的觉知中一一消融，而我们最终得到的将是一个通过自我观照之后的平和心境和圆满人生。

走出地藏殿，耳边犹然回荡着诵经声。从踏进山门的那一刻，我以为自己是将沾染了污垢的心灵搁置在了红尘中，可将要走完这段修行旅程时我才发现，自己的这颗心原本没有什么杂尘沾染，也不需要刻意地把它放在哪里。真正的修行不是把原本那颗心灵丢弃掉，而是带着它一起上路，在一步步完成朝拜之后，再去看看它，它光明洁净，充满喜悦，圆满如初。

心量大，愿力才大

　　看过地藏菩萨造像的朋友都知道，这位相貌端严的大菩萨一手捧着明珠，一手握着锡杖，面容平和安详，当然，这是最常见的地藏菩萨造像。这位大愿菩萨其实有六种身相和名号，之所以做如是分别，是因为他要现身于六道之中，六道众生不同，所化的身相亦不相同。

　　若是要救度人道，地藏菩萨就会以左手持锡杖、右手结"与愿印"的形象出现，他专门为人们解除八苦盖障，使人身心常得清净安乐。所谓八苦，正是生苦、老苦、病苦、死苦、怨憎会苦、爱别离苦、求不得苦和五取蕴苦。这种形象的地藏名曰"除盖障地藏"。

　　若是济度天道，地藏菩萨便在左手捧一颗如意明珠，右手做出"说法印"，以手中明珠照出天人临命终时出现的五种衰相，并以佛法智慧为其开解心头烦恼，帮其往生善道。这种形象的地藏菩萨是"日光地藏"。

　　若是救度修罗道，地藏菩萨就左手持一金刚幢，右手做出"施无畏印"，这种造型的地藏称为"持地地藏"。

　　宝印地藏，这是地藏菩萨为救度畜生道所化现的形象。他左手握有锡杖，右手做出"如意宝印"。

宝珠地藏，左手捧一宝珠，右手做"甘露印"，是为救度饿鬼道。

檀陀地藏，左手持人头幢，右手做"甘露印"，此化身专门救度地狱道的受苦众生。

不过，手持锡杖、宝珠的地藏菩萨形象更经常为人们所见，所以，人们对这种形象的地藏菩萨感觉会更亲切些吧。平常我们所见的做比丘装束的地藏菩萨，右手所持的锡杖表示戒严精修，爱护众生；左手所捧的如意宝珠表示要满足众生的心愿，使众生得到安乐。

说到地藏菩萨手中的法物，自然值得提一下地藏菩萨所代表的一种愿力文化。

地藏菩萨之所以被世人尊崇，不仅因为他以一颗慈悲之心教化众生，同时也因为他常居秽土，越是污浊的世界，越是充满痛苦的地方，他越是要去；越是罪业深重的众生，他越是不忍放弃，越要度化。

不要说秽土难住，要知道，这净土与秽土也只是在人们自心之中；不要说地狱可怕，其实这地狱与天堂也并非是死后人们要归去的地方；别以为六道轮回是多么的神秘莫测，其实你的心在当下是如何的，你所体验到的境地就是什么样的。

当然，你可以自由选择自己的心理状态，也可以自由选择自己如何面对秽土与净土。地藏菩萨不厌弃秽土，不厌弃世间难化众生，是因为他心中没有执著与分别，也因为他所发的誓愿无比深广。

佛经故事上记载，这位地藏菩萨受释迦牟尼佛的嘱咐，在释迦牟尼佛入灭而弥勒佛尚未降生的这段时间救度世人。当时地藏菩萨发了誓愿，他说一定要度尽六道轮回中的苦难众生，拯救众生于苦难之中，若有一人不能得到度脱，就不会成佛。

为了度脱众生，地藏菩萨为众生担负起一切难行、苦行；为了使众生安乐生活，他满足众生的各种需求，犹如大地上孕育出草木果实，以便使众生能安稳生活，安心听法。

地藏菩萨选择的这条道路，是没完没了、永无止尽的艰苦路程。轮回永无停止，受苦受难、被无明遮蔽智慧之光的众生又何止万千？他舍身来到地狱之中，所需要的慈悲岂是世人可与之相

宝鸡扶风法门寺地藏菩萨

比的呢？

可众生与佛，到底在心性上是没有分别的，地藏菩萨能以慈悲所做出的事业，众生其实也不是完全做不到。只是我们总是容易因为想到名利以及对自我的保护而减弱自己的慈悲心。地藏菩萨如是度脱难以教化的众生，可他毕竟不是为名利才去做的，自然不会感觉到身心疲累。

心量大，愿力才大，因了这种愿力和坚持，你便与菩萨无二。

佛家常说"种什么因，得什么果"，那些心怀无量众生，尽自己努力践行愿力的人，他们在最初时所考虑的一定不是自己能得到什么，而是众生能得到什么。

很多时候，并非我们做不到像菩萨那样，以一颗大爱之心去帮助众生，而是我们心中自我所设的障碍太多。如果缺少一种慈悲的正念，我们在面对他人的危难时就会表现出一种十分漠然，甚至更为恐惧的态度。但其实我们都忘记了，人的本性之中本来就是充满着爱与慈悲的，可我们却在拼命地压制着它，压制着这种能带给他人、同时也带给自己真实幸福感觉的能量。

这种压制，不也正是人们对自我的一种否定吗？当你与他人斗争，陷入与他人的矛盾和愤怒之中时，难道不是在与自己斗争，自己制造出一种仇恨和不快吗？如果你来到地藏殿前，望一眼那位蔼然端坐着的行者，望一眼他的双眼，即便那是一尊雕像又怎样，他依然是有生命力的，而这种生命力正是透过这位大菩萨久远劫前所发的誓愿而抵达你心头的。

也许你会问，为什么只是一尊佛像就能摄住自己的灵魂，让你能彻底地看清自己内心的苦痛与仇恨不过是自己无端制造出来的幻象？让我告诉你，这种力量就是一种愿力，能因为一种慈悲的正念而发下誓愿，在轮回的路上不断救度其他众生，这本身就已经能够作为一种力量将我们内心深深掩藏着的毒素涤荡开来。

白马寺：形态各异的彩绘造像

作为汉地最早的佛寺，白马寺位于中国六大古都之一的洛阳。有着"释源祖庭"之称的白马寺，最初是仿照印度祇园精舍而建，寺内有塔。宝殿内有壁画。可是，这座寺院已历经将近两千年的岁月，这中间所承受的兴衰颓败想必也改变了它往日的模样，因此多次重修是不可不做的一项工程。自然，我们如今也难以辨识出它原来的样子了。

现在我们所见到的白马寺，是明嘉靖三十四年重修后的布局，虽然在康熙年间也曾有过修葺，可大体不脱明朝重修后的面貌。山门外那两匹青石马乃宋朝匠人雕刻，此外还有一对石狮，为明代所刻。在山门内东西两侧的围墙下，有两座圆冢，这里分别葬着从天竺来到中土传法的两位僧人迦叶摩腾和竺法兰。青马、圆冢、石狮，若是再有濛濛细雨降下，真可让人怀疑是否穿越到了千百年前，也许耳边还回荡着清越的梵音。不同朝代的历史遗迹组合在一起，分明在告诉我们，时空的界限在佛法面前已然消融，而佛法，正是以其涵容万有之博大才能一直流传到今天。

没错，佛法就是涵容一切、无所不包的。时间与空间的限制被眼前的景物打破了，只有那灵性之光，仍旧闪烁在每个人的心头，牵引着你我，不为寻找宿世的缘，只为参破心头的烦恼障，再还给自己一片无限的清明。

由北向南穿行，我们先是来到天王殿，接下来便是大佛殿、大雄殿、接引殿和毗卢阁，它们依次坐落在寺院的中轴线上。此外还有一座释迦舍利塔。白马寺因其阁殿之巍峨、宝塔之高耸而吸引着历朝历代的人们前来。也许他们仅仅是想亲眼一见释源祖庭的风姿，也许是希望来到此处让心安宁，哪怕此生都在流离颠沛中过活，也要望一眼白马寺，亲身感受一下这里的清净，那才算是不枉此生。

寺内第一层大殿是天王殿。佛龛内端坐着慈氏菩萨，也就是那位大腹便便的弥勒佛。与其他寺院里供奉的弥勒佛很相似，都是那一张笑呵呵的面容，一副乐颠颠的模样，尘世的烦恼与他无关，他只享受着内心的悠然。

不过，白马寺的这尊左手拿布袋、右手持念珠的弥勒佛像，乃是明代夹纻干漆造像，有着极高的艺术价值。

继续前行，便来到了白马寺大佛殿，现在我们所见的这座大佛殿保持着明代重修后的样貌，大殿中央为佛坛，佛坛上供奉着七尊佛像，中央的那尊为释迦牟尼佛，在须弥座上结跏趺坐，面庞安然自若，但是时刻关注着世间苍生，以无所住之心广行布施，大概说的就是这样吧。

佛像额前、两眉中间有一圆凹处，这便是"白毫眼"，据说它可以洞悉过去、现在、未来三世的事情。不过，佛从来不夸耀自己的神通，也从不允许修行之人为了获得神通而去修行。在大多人看来，神通是一种很了不起的"超能力"，有了神通似乎就能成为人生最大的赢家。因为神通能够看到过去与未来的所有事情，既然能对未来有个预料，自己当然能够在未来的麻烦到来之前就先想出预防措施。

不过，依佛家来看，这种神秘法力虽然很是罕见，但这对于个人解脱也好，众生解脱也罢，都是起不到什么作用的。如果一个善心泯灭的人拥有神通，那可真是一场大灾难了。况且修行之人，世间多余的欲望都应该舍弃，更何况是追求神通这种功利性的想法呢？修行便是要心里安宁，便是要让自己的生命能量不断提升。若你只把神通视作唯一的追求目的，那么这对于出离苦痛、收获安宁、觉悟智慧不仅无用，更是会起到种种阻碍。

所以说，真正智慧的修行者从来不问神通如何，尽管他多多少少有些本事，但从不把这作为炫耀的资本，反而是用在度化众生，使世间众生获得安乐上。

释尊左右两侧分别是文殊、普贤二位尊者，这三尊泥塑彩绘造像均出自于明代。不论从其面部表情，还是身型刻绘，都透露出肃穆庄严却又令人亲近的感觉。可能，正是因为匠人们当初用一颗禅心塑造出这杰作，才使得几百年后的信众看到彩塑造像时生出那无尽的敬意。

佛像两边，还有两尊供养天人，她们呈妙龄少女状，身形婀娜，姿态蹁跹，表情生动而传神，空中飘浮的云朵难以与她们美妙的身姿相比，夜晚皎洁的月亮也无法比喻她们面容上的安详。两尊供养天人手中捧有鲜花，用以供养佛陀。那神情姿态，美不胜收，让人看过之后几欲化身到天界，做一名身披天衣、凌空飞舞的天人，不为其他，只愿将手中最美、最圣洁的鲜花供养给世间最伟大的智慧导师。

在大佛殿之后，还有一尊观音菩萨的造像。该造像取坐姿，观音菩萨像的左边放置着净瓶，右边是一鹦鹉，口中衔一串念珠，似乎在告诉我们，任何一个世间众生都可以被佛法所度化。这尊观音造像背对着大佛，因此被人们称为"倒坐观音"。关于这倒坐观音，还有一段传说。白马寺一带的土地公公带着供品来供养寺中佛像，他的小孙子见了这尊观音造像很是奇怪，就说："为何这位菩萨要倒坐呢？"

土地公公不知如何回答，却听空中传来一个声音说："若不是因为世上那些愚昧之人不肯回头，观音菩萨又怎么会倒坐呢？"

这个故事传到民间之后，便有文人写了一副对联："问观音何以倒坐，叹世人不肯回头。"如今这副对联已没了踪迹，可到底还是被人们记诵下来并流传至今。

大雄殿内的三世佛安详地端坐在八层莲座之上，脸上的表情似乎并未因经历过战火风霜而改变原有的淡然与超脱。造像庄严而圣洁，但仍掩盖不住白马寺曾经历的创痛，斑驳的岁月，于这种庄严安详之中不断地透露出来。

正中的那位便是释迦牟尼佛了，左侧那位大家都比较熟悉了，他是主管东方净琉璃世界的药师佛，右侧那位则是主管西方极乐世界的阿弥陀佛。三尊佛像的造型风格十分相近，他们慈祥而恬静地端坐在木制佛龛之中，静静地观望千百年的岁月变迁，任凭兴衰更迭，唯一不变的是那永恒善良的灵光，而这灵光就在世间每个人的心上。

在三尊佛像前，还有两尊相对而立的护法神，左边是韦陀菩萨，右边则是韦力天将。韦陀菩萨，一副甲胄披在身上，双手恭敬合掌，将金刚杵横放于双臂之上，虽是一副武将打扮，却面容温和，文质彬彬，使人愿意亲近。他身上披挂的璎珞飘带皆是彩绘描金，十分精细。

对面站立着的韦力天将右手执一长戟，左手托宝塔，圆睁双目，气势逼人，显得勇猛而霸气，与面容柔和的韦陀正形成强烈的对比。

大雄殿内的造像多为元代的作品，这其中有十八尊罗汉坐像，这些罗汉的神情、姿态各有不同，但制作得极为精致，恐怕就目前来说，在国内再难找出能与之相比的了。

幽静别致的环境，晨钟暮鼓的宁谧，使得白马寺成为历代文人墨客所向往的一个纯净世界。但正如佛法中所说的万法无常，白马寺也经过了无数个兴衰。在唐代诗人张继的诗中就这样写道："白马驮经事已空，断碑残刹见遗踪。萧萧茅屋秋风起，一夜雨声羁思浓。"张继作此诗时，正是安史之乱后。

诚然，作为一个羁旅在外之人，听到寺钟悠扬，难免会生起思乡愁绪，可那断碑残刹以及秋风萧瑟之中的茅屋，不也正说明着赫赫有名的白马寺昔日的辉煌已不再现，转而被战乱与动荡所包裹时的哀伤吗？

寺院如此，人生如此，世间万物亦复如是。有时想想，又何必一定要为蝇头小利争得焦头烂额，倒不如，趁着现下的好时光去看看身边美好的，或者不那么美好的一切。就因为它们总是转瞬而逝的，所以，即便那些让我们感到痛苦、焦虑、烦躁的事物，也多多少少的带有了一丝美感——虽说这种美感曾经那么地让人避之不及。

布达拉宫：极具异域特色的金铜佛像

来过这里的友人曾经这样形容：当你渐渐走进这座神圣之城的时候，你会感觉到高原地区所特有的清澈的天空正在把你团团围裹起来。透过洁白无瑕的云朵，是散落下来的温暖的阳光，它可以照穿你的身体，抵达你的心灵，也许你的内心早已冰冷一片，但这阳光却能彻底让你暖起来。即便你的身体远在数十里之外，你的灵魂依然能被这种力量深深地吸引住。

这是一种怎样的力量呢？

既温柔又强烈，既原始粗犷又深沉细腻。当你越是靠近这里，你就越不由自主地感受到一种纯净而真实的存在。这种存在，与我们日常生活中所接触到的一切事物都不一样。这种存在，是那样的静默如谜，美丽而神奇。没错！这里本身就是一个神奇的所在！

这里是拉萨，这里是布达拉宫。

以红、黄、白为主色调的高大宫墙给人一种庄严、凝重又不失大方、古朴的印象。这座金光闪耀的建筑物已经成为西藏的标志。这里，华丽却不张狂，古老却不呆板，若不是当初人们带着一颗虔敬的心去修造它，恐怕如今的布达拉宫就是另一个样子了——也许它富丽堂皇，但绝不会像今天这般圣洁高贵。这不染凡俗的富丽，莫非就是天宫的景象吗？

阳光下是一抹浓重的红色，它象征着力量、威严、勇猛；明媚的黄色，意味着圆满、光明；而纯洁的白色则给人带来和平、清净、解脱的感受。这是布达拉宫的主要色调，对比是那么的强烈，却又不显得突兀，仿佛这座依山而建的殿堂永远不会受到尘世污

224

浊的沾染，也不会因人心的变化而有所动摇，它高高地屹立着，俯视着世间众生，似乎如此注定是要与尘世保持一种距离，但是，在它所辐射到的范围之内，无一处不充满着庄严与宁静。

是的，它是远离尘嚣的，但它却又真实地立在你面前。清澈透净的蓝天，蜿蜒逶迤的山脉，当你站在布达拉宫前时，你会觉得自己是如此渺小，但看着伸手便可触碰到的蓝天，你又会觉得人的力量竟然如此伟大。

不是吗？这座有着"第二普陀山"之称的宏伟建筑按照红山的地形由南梯次而修至山顶。最初，在公元7世纪，吐蕃赞普松赞干布为迎娶远方来的公主而修建了布达拉宫，可现在，这里却成了无数信徒心中的共同财富。

在这里，一座并不起眼的小佛殿里，珍藏三千多尊珍贵的金铜佛像，当然，数量众多还不是我们对它重点关注的唯一原因，要知道，这些金铜佛像，不仅造型各异，题材丰富，而且所具有的艺术风格也十分多样而鲜明。这其中既有印度、尼泊尔风格的古佛像，也有带着鲜明汉地艺术特色的佛像，至于西藏各个时期的佛像，更是为数众多。

论艺术风格，布达拉宫的金铜佛像多姿多彩，论工艺技巧，又是那么精美超绝，让人在那些庄严、圣洁却又活灵活现的佛像前不由得生起一颗皈依的心。或者，这颗皈依之心在你不经意的时候就已经种植于你的意识之中，只不过那时的你并没有如此这般强烈而明确的感受。直到你遇见了他们，布达拉宫里收藏的充满异域特色的塑像，于是，你心中久久盘旋的那个关于出世的梦想又开始抬起了头。

这些金铜佛像静静地被安放在布达拉宫一座小殿堂之内，它名为"利马拉康"。在这里，你看不到镶嵌着各色宝石的精美佛塔，也看不到造型高大、雄伟的佛像，这不过是一间并不算宽敞的狭长的佛殿。

路过这里的游客，往往会因为这座小佛殿不甚华丽而感觉失望，甚至会觉得"这有什么好看"。只有愿意用心去旅行的人，把心灵交托给布达拉宫的人，才能发现利马拉康的独特之所在。

在这些金铜佛像中，有一尊观音菩萨造像十分著名。或许你会说："我已走过很多寺院，观音菩萨的造像见得多了，这里的观音像能有什么神奇？"

这尊观音像为红铜鎏金，观音盘好左腿，曲起右腿，头上戴有宝冠，斜披着一件长帛，下身着一长裙，看上去悠闲自在，心静气和，将观音菩萨慈悲智慧的一面表现得十分妥帖。这件公元10世纪的造像，其艺术风格充满了尼泊尔地域特色，虽然造像装饰简约却让人一见便觉得身心清爽自如，或许真正悠闲自适的生活本身就应该是这样的简单吧。简单地做人，简单地做事，不要花那么多心计，也不需要整日盘算些什么。生命本就有限，如何还能把有限的生命用在算计功名之中呢？人们都说越单纯越快乐，幸福人生的秘诀或许就在于一颗单纯天然的心灵吧。

积光佛母，是另一件艺术珍品。她三头八臂，结跏趺坐在莲花台上，这莲台由一头造型可爱的猪驮着。很奇怪吧，如果是用大象驮着莲台，也许大家还不会觉得奇怪，为什么这里要用一头壮硕的猪来驮着莲台呢？

这位积光佛母的原型为印度教女神，这女神生得可很是奇特，她猪首人身，名叫"摩利支天"，象征着光明、威力，也称为"作明佛母"，在藏密中被塑造成一个三面八臂的形象，在这三张脸孔中，有一张为猪脸，象征着佛母原来的身份。

佛母的面庞丰满圆润、端庄慈祥，具有汉地佛像的典型特征。在八只手中持有各种密宗法器，比如金刚杵（在藏密中象征了无坚不摧的大智慧）、弓、无忧树的树枝以及金刚索等物。她赤裸着上身，在胸前还装饰有各色璎珞，不仅华丽美观，而且更显得尊贵而庄严。身上的衣褶一起一伏，自然而流畅，颇有汉地佛教造像的风格，从这尊佛母像中我们不难见出汉藏佛教造像艺术风格相融合的特点。

作为不动佛的愤怒化身，不动金刚的造像也十分引人注意——当然，如果你愿意注意到他的话。这尊造像的右臂高高举着一柄利剑，左臂则弯曲着，左手握着金刚索头。若你观察得够仔细，你会发现，那金刚索头在手臂上面缠绕着，成圆环形。造像呈下蹲状，左腿跪于地面，右腿明显地曲起，做出一副要跳起来与人战斗的姿势。

不动金刚眉眼处放射出一股力量，这种横眉怒目、威风逼人的形象，将这尊护法神内在的威力很准确地传达出来，不论是壮硕的身躯，还是专注的神情，都表现出一种无坚不摧的威武神力，使人看后心生敬畏。

这尊雕像为西藏15世纪的作品。作者是谁，我们已经不能知晓了。但在他的心中，一定住着一位威力无比的神佛。他如此用心地刻画、塑造心中的神佛，或许并不为什么所谓的福报，而仅仅是对一种威力和活力的致敬。

绿度母佛像，也是这三千多尊佛像中十分值得一说的。听讲解员说，这件作品的创作年代应该是公元14世纪。从这尊造像华丽、繁复的装饰中，我们看到她充满了雪域高原独有的艺术风范。

绿度母神情端庄，但是，面部表情又透出些许平和愉悦。她头戴宝冠，耳佩珠铛，袒露着的上身佩戴有项链、璎珞和臂钏。腰肢柔软而苗条，胸部却十分丰满，圆润的肌肤带有女性的独有魅力，艺术家大胆表现出的女性之美，既庄严圣洁，又使人感觉亲切。这种形象不会使人有一丝污秽的想法，反而会让人们想起自己最亲爱的母亲。

绿度母爱护众生，她给人们的感觉自然如同慈母佑护独子那样充满一种母性的慈悲力量。面对着这样一尊佛像，我想，世间的一切纷争都应该在此刻止息了吧。可是，说实在的，世间的纷争不正是我们将自己安置在一种二元对立的状态之中吗？自己与他人的对立、善与恶的对立、是与非的对立、喜爱与厌恶的对立、生与死的对立……凡此种种，当我们感觉自己陷入困境中时，也实在是自己给自己设置了一种障碍。

所以，当你的心灵无论如何也静不下来时，你便会头痛欲裂，想要大声喊出"放过我"，其实你最需要的是自己放过自己。不要挣扎，不要对立，也不要排斥，而是接受，当下就完整地接受一切，当然，这要从接受自我开始。

接受自我，不仅需要你能看到自我的状态，也需要你能对自己慈悲起来，不要自己跟自己作对。而慈悲的力量，已经被这尊绿度母造像诠释得很好了。她那充满怜悯的目光，就如此安静地落在你的身上，渗透进你内心最深处。

左手握住的莲花，是一种要把清净与安宁带给人间的决心；右手做出的施与愿印，是对众生慈悲之爱的表达。绿度母两肩旁边是怒放的莲花，那粗壮的花茎弯曲盘绕，可看起来却并不让人眼前烦乱。绿度母左腿盘曲，右腿伸出踏在小莲花上，体态优美而典雅，于慈悲之中呈现出静谧之美。

为了拯救自己最亲爱的孩子，母亲可以牺牲自己的一切，而绿度母要救度众生，她就是这样做的。当一个顽劣的孩童跑到母亲面前要东要西时，母亲会笑着说："好的，我的小乖乖，我全部都给你。"然后这位母亲趁着孩子高兴时就会对他讲很多道理——这个时候，小孩子总是乐于接受的。

佛菩萨就是这样教化着我们。有人说，我在佛前叩拜、祈祷，果真很灵验，我的心愿都实现了。可真正智慧的人明白，我们不应该只是为了求这求那才来到寺院，来到佛菩萨的面前。

真正疼爱孩子的母亲必定会为他考虑到以后的出路，正如古语所说"父母之爱子，必为之计深远"，而绝不会仅仅满足孩子眼前的这些要求。佛菩萨满足我们的心愿，其实也是一种善意的方便，修行的根本目的也不是为了给自己带来物质上的丰足，而是要让自己真正能坦然自由地活着，用自己的心灵创造、丰富自己的生活，一直这样创造下去、丰富下去，而这些，与名利、财富全不相干。

绿度母与白度母同为观世音的化身，她们在藏传佛教造像中可称得上是容貌最秀丽、体态最优雅的女神了。在西藏，度母信仰由来已久，因此度母形象也成为藏传佛教造像中的重要题材。

在西藏的民间传说中，吐蕃赞普松赞干布的两位王妃——来自东土大唐的文成公主和尼泊尔的尺尊公主，就被认为是两位度母的化身，因而得到老百姓的爱戴。而她们的夫君，松赞干布也是藏传佛教中常见的题材。

利马拉康珍藏的这尊松赞干布金铜像面容英俊，神态安然，头上戴有高高的宝冠，宝冠上还雕刻着阿弥陀佛的小像。松赞干布造像，身着一件大袍，袍子上雕刻着团龙花纹，结跏趺坐在一圆形坐垫上。他是那样的安然而自在，无论世间如何变化，似乎也全与他没有关系。他就像是一个旁观者，看着人间百态，可终究在那平静的眼眸中闪现出慈悲的光芒。

是不是有些时候我们也应该做一个人生的旁观者，把自己眼前的困扰看得轻些，先让自己的内心平静下来。佛家从来都是说"静能生慧"，只有在安定之中，让自己的心灵停止对外境的对抗和追逐，转而彻底地接纳与放松。就把一切都当做是梦境吧，不论你今日成功也好，失败也罢，既然没有什么是永远不变的，那为何要让一时的境遇捆绑住自己呢？

自由的心灵，自由的思想，才能创造自由的生活。如果有人说，我的心灵被什么东西给捆绑住了，我要解脱出来。那么，那个能够捆绑自己的人，也只能是自己。学会接纳，然后生起慈悲，对一切人、事物都怀着感恩与慈悲，不要制造对抗，也不要在对立中发泄情绪。先有接纳，然后才能完整地做自己。

这正如利马拉康里的金铜佛像，不论是来自南亚次大陆的印度文化，还是有着悠久历史的华夏文化，甚至地域上相隔甚远的中亚文化，抑或是充满雪域特色的西藏本土文化，都能在这里彼此交融，闪现出一种风格多变的魅力。虽然西藏地处世界屋脊，古时候的交通又有诸多不便，可毕竟它没有自我封闭，而是在接纳之中完整了自己，在接纳之中闪现出不落尘俗的光影。

一切都是为了更加轻松地上路

长长的人生，短短的行程，蜿蜒而曲折的路途，望一下另一座山，郁郁葱葱，翠绿一片。即便这是夏季，我想你也会感到一丝清凉。这条路通向一座寺院。一个很神圣的地方。我们每个人的心上都有一个很清净、很神圣的地方，我想，只是我们从来没有真正走进去过。

假如，我们能带着一颗纯真的心走进这座寺院看看，看一下屋梁上雕绘的精美花纹，看一下端坐在莲台上、面带笑容的菩萨，看一下寺院小小角落中盛开的花朵。你会不会觉得，所有这些都能找到自己的影子呢？

按照佛家的说法，世间一切无非是心灵的显现。看着同一座寺庙，有人看得到清净安然，有人看得到远离尘烟。当然，也有人会盯着大殿前面的功德箱作一番想法，他在想这里面到底能有多少钱。

有了什么样的心念，便会将心念付诸行动。有了什么样的心念，人生中的境遇便会有怎样的显现。你可以抱怨现在的生活充满了不顺，可这不顺无关他人，而是自找；你也可以恼恨自己的人生到处是障碍和限制，可这些也是你自己的内心所设，与别人无关。

不过你不用害怕，因为当你踏上修行之路的那一刻起，就是在改变自己的内心，同时也在改变外部境遇。当我们的思想里充满更多正向、美善，生活中的逆境也会渐渐扭转过来——不过请记住，这不是你跪倒在佛像前求来的，而是自己不断修心、修行得来的。但是，佛菩萨依然值得我们感佩，因为如何让人生充满喜悦、光明的方法是他们教给众生的。

当你踏上了漫长的人生修行路，你会发现每一天、每一个时刻，对你来说，都是一种对心灵的磨砺。而选择这条修行之路，是为了让自己的人生更轻松，让自己的心性变得更圆满纯明。

而我，我则希望我的文字能让修行路上的朋友们走得更加轻松——如此而已！

顺便感谢一下帮本书提供图片的各位朋友，感谢郭杰，感谢舒皓！谢谢朋友们！我爱大家！

马超